Rebecca Eanes

DIE FÜNF SCHLÜSSEL ZUM HERZEN DEINES KINDES

Rebecca Eanes

DIE FÜNF SCHLÜSSEL ZUM HERZEN DEINES KINDES

Wie Positive Parenting
die Verbindung in der Familie stärkt

Aus dem Englischen
von Dr. Gabriele Würdinger

Kösel

MIX
Papier aus verantwortungsvollen Quellen
FSC® C083411

Verlagsgruppe Random House FSC® N001967

Deutsche Erstausgabe
Die Originalausgabe erschien unter dem Titel Positive Parenting. An essential guide. Ending the Power struggles and Reconnecting from the Heart bei TarcherPerigee, einem Imprint of Penguin Random House LLC, New York.

Umschlag: Weiss Werkstatt, München
Umschlagfoto: © plainpicture/Stephanie Uhlenbrock | BildNR. p1146m1108617
Druck und Bindung: CPI books GmbH, Leck
Printed in Germany
ISBN 978-3-466-31115-6
www.koesel.de

Dieses Buch ist auch als E-Book erhältlich.

Dieses Buch ist meinen Söhnen gewidmet, die mir einen sanfteren Weg wiesen. Ich danke euch, dass ihr mich bedingungslos liebt, während ich noch herausfinde, was es bedeutet, Mutter zu sein. Ihr seid wunderbare Menschen, und es ist mir eine Ehre, mein Leben mit euch zu verbringen.
Eric, ich bin dir zutiefst dankbar dafür, dass du mit mir zusammen eine Familie gegründet hast. Du bist mein Glück. Ich liebe euch bis zum Mond – und wieder zurück.

Inhalt

Vorwort

Kinder zu emotional reifen, glücklichen und verantwortungsvollen Erwachsenen zu erziehen, ist eine anspruchsvolle Aufgabe. Eltern neigen dazu, sich auf Krisensituationen zu fokussieren und fragen sich, was zu sagen oder zu tun ist, um Kindern eine Lektion zu erteilen. Dabei lassen sie völlig außer Acht, dass sie viele dieser Situationen im Vorfeld verhindern könnten, wenn sie die Beziehung zu ihrem Kind stärken würden. Kinder, die sich verbunden und gefördert fühlen, die darauf vertrauen können, dass ihre Eltern die Führungsrolle übernehmen und ihre Bedürfnisse erkennen, sind gelassener und gehen mit Herausforderungen und Enttäuschungen leichter um. Krisensituationen werden seltener, das ganze Leben verläuft reibungsloser. Eltern stellen irgendwann verblüfft fest, dass sie in einer Konfliktsituation ganz intuitiv wissen, was zu sagen oder zu tun ist.

Natürlich setzt eine starke, vertrauensvolle Beziehung zum Kind voraus, dass Eltern gut mit ihren eigenen Gefühlen umgehen. Nichts schadet der Eltern-Kind-Beziehung mehr, als Eltern, die ihrer Wut freien Lauf lassen oder ihr Kind für ihre emotionalen Entgleisungen verantwortlich machen. Doch genau hier liegt für viele Eltern, die sich um einen positiveren Erziehungsstil bemühen, der Knackpunkt. Meine Erfahrungen mit Eltern haben gezeigt, dass es tatsächlich der mit Abstand anspruchsvollste Aspekt der Kindererziehung ist, wobei Letztere für viele von uns ohnehin die wohl größte Aufgabe im Leben darstellt – eine Aufgabe, auf die wir überhaupt nicht vorbereitet werden und für die wir wenig Unterstützung erhalten. *Positive Parenting* von Rebecca Eanes will dir genau diese Unterstützung zukommen lassen, von Mutter zu Mutter. Rebecca hat verstanden, dass zunächst wir Eltern uns ändern müssen, wenn wir wollen, dass unsere Kinder sich ändern. Da wir unseren Kindern bei der Emotionsregulation als Vorbild dienen, müssen wir zunächst an unserer eigenen Selbstdisziplin arbeiten, bevor wir diese von unseren Kindern einfordern. In Kapitel 2 »Wichtig: Arbeite an dir selbst!« begleitet Rebecca Eltern auf ihrem Weg, sich selbst besser kennenzulernen und ermöglicht ihnen damit, ihr eigenes Potenzial voll auszuschöpfen. Sie lässt uns an ihren eigenen Erfahrungen als Mutter, die sich dieser Herausforderung mutig gestellt hat, teilhaben und zeigt Eltern verschiedene Wege auf, wie sie Schritt für Schritt wieder zu mehr Selbstkontrolle gelangen.

Eine der meistgestellten Fragen lautet: »Wie hole ich meinen Partner mit an Bord?« Hat sich nur ein Elternteil für *Positive Parenting* entschieden, entstehen zwangsläufig Probleme, die den häuslichen Frieden und die Elternbeziehung stören. Eanes bietet Paaren erprobte Übungen an, die ihre Kommunikation und Zusammenarbeit verbessern. Außerdem stellt sie Eltern an jedem Kapitelende sorgfältig formulierte Diskussionspunkte zur Seite, die ihnen dabei helfen sollen, Konfliktlinien zu durchbrechen und sich zu einigen.

Sobald ihr euch darüber im Klaren seid, wie euer Familienleben aussehen soll, ermutigt euch Eanes dazu, einen konkreten Plan zu entwerfen, welche Art von Familie ihr gestalten wollt, und wie ihr dies anstellt. Ihr lernt, eure Kommunikationsfähigkeit zu verbessern und stärkt dadurch eure Beziehungen und die zu euren Kindern. Nach Eanes' Überzeugung müssen wir bei uns zu Hause anfangen, wenn wir in einer friedlicheren Welt leben wollen. Behutsam, Seite für Seite, begleitet sie euch auf eurem Weg zu einem harmonischen Zuhause und einer glücklichen Familie.

In herkömmlichen Erziehungsratgebern geht es häufig um Disziplin oder genauer um Bestrafung. Doch diese schwächt die Beziehung zu unseren Kindern, sie lässt uns zu ihren Gegnern werden und schafft einen Teufelskreis aus Fehlverhalten und Machtkämpfen. Zum Glück gibt die Möglichkeit, Kindern dabei zu helfen, kooperieren zu *wollen*. Dies stärkt die Bindung zu deinem Kind und hilft ihm, sich langfristig gesund zu entwickeln.

Ich habe mit so vielen tieftraurigen, verwirrten Eltern gesprochen. Einerseits wollen sie, dass aus ihren Kindern tolle Menschen werden, andererseits hassen sie das Gefühl, sie zu bestrafen. Ihnen schmerzt das Herz, denn sie merken, dass die Beziehung zu ihren Kindern leidet, doch fürchten sie, zu viel zu erlauben. *Positive Parenting* zeigt Eltern einen Weg auf, wie sie mit ihrem Kind eng verbunden bleiben und zugleich die Rolle als Führungsfigur, die jedes Kind braucht, übernehmen. In den letzten Kapiteln des Buchs teilt Rebecca ihre Erfahrungen und berichtet, wie Eltern häufig auftretenden Erziehungsproblemen mit *Positive Parenting* begegnen können. Durch die Veränderung unserer Sichtweise auf kindliches Verhalten verändern wir unsere Reaktion darauf – und dadurch ändern sich unsere Kinder.

Bei der Suche nach mehr Glück am Elternsein gibt es ein Schlüsselwort: Bindung. Wir streben ganz intuitiv danach. Bei jeder Bestrafung, jedem Machtkampf, jedem Mal, wenn wir laut werden, flüstert unser Herz uns dieses Wort zu. Doch wenn wir dem in unserer Kultur tief verankerten Paradigma von Scham, Schuld und Bestrafung verhaftet bleiben, hören wir irgendwann nicht mehr auf dieses Flüstern. Rebecca ist eine Mutter, die den Wechsel zu *Positive Parenting* geschafft hat, und teilt in ihrem Buch ihre wertvollen Erkenntnisse. Sie weiß wovon sie redet und hat sich ihr Wissen hart verdient. Sie spricht zu uns von Mutter zu Mutter, ermutigt uns sanft, auf das Flüstern unseres Herzens zu hören, und gibt uns das nötige Rüstzeug, um eine Veränderung herbeizuführen.

Verabschiede dich von Selbstvorwürfen und Herzschmerz und lass Frieden und Bindung in dein Leben. Deine wunderbare Reise beginnt in diesem Augenblick.

Laura Markham, PhD
Autorin von *Peaceful Parent, Happy Kids* und Gründerin von AhaParenting.com

Einleitung

Elternschaft. Nichts auf der Welt ist so tief beglückend und schrecklich Furcht einflößend. Nichts so wundervoll und entmutigend, so erhebend und betrübend, so beflügelnd und beschwerlich, wie ein Kind großzuziehen. Und mit Sicherheit gibt es nichts, das uns so herausfordert, inspiriert und motiviert, wie die Tatsache, dass wir die Person sind, zu der dieser kleine Mensch aufschaut.

Elternschaft ist trügerisch. Was ist schon dabei, ein Kind großzuziehen, diesem kleinen Menschen beizubringen in dieser wunderbaren, chaotischen Welt zu existieren und zu leben? In Wahrheit heißt es, an seiner Seite stetig Neues zu lernen und zu wachsen. Wenn du ein offenes Herz und einen wachen Geist hast, wirst du herausfinden, dass Elternschaft der ultimative Weg hin zur Selbsterkenntnis ist und du durch das Großziehen dieses kostbaren Wesens dein volles Potenzial entfalten kannst.

Ich war im sechsten Monat mit meinem ersten Kind schwanger, als ich seine Bewegungen nicht mehr nur als sanftes Flattern, sondern als richtige Tritte wahrnahm. »Fühl mal!«, forderte ich meinen Mann auf, der herbeieilte und schnell seine Hand auf die Stelle meines Bauches legte, wo ich die Bewegung wahrgenommen hatte. Aufgeregt und staunend schauten wir uns in die Augen und warteten. Und warteten. Irgendwann zog er seine Hand zurück, und oft passierte es, dass mein Sohn nur einen Augenblick später wieder anfing, zu treten. Als auch mein Mann endlich fühlen konnte, wie er seinen kleinen Fuß (oder Ellenbogen) gegen meine Bauchdecke drückte, flüsterte er mit ungläubigem Blick, »Wow, das ist wirklich unheimlich!«.

Und es *war* unheimlich, da zu liegen und zu beobachten, wie sich mein Bauch bewegte und seine Form veränderte.

Ich fühlte mich wie in einem Science-Fiction-Film und stellte mir vor, wie ein Alien aus diesem Bauch herausplatzt und die Wände empor kriecht. Natürlich habe ich per Ultraschall die Umrisse eines Babys gesehen, das mit den Ärmchen ruderte und herumturnte. Ich habe seine Bewegungen gespürt und auch seinen Schluckauf, doch die Tatsache, dass da drinnen bereits zu jenem Zeitpunkt ein pausbäckiger, kleiner Junge mit rosaroten Lippen war, lag jenseits meiner Vorstellungskraft. Während meiner gesamten Schwangerschaft las ich meinem Kleinen vor. Bei einem Buch kamen mir immer die Tränen. Vielleicht lag es an den Hormonen, vielleicht auch daran, dass ich tief in mir drinnen ahnte, was auf mich zukommen würde. Ich schnappte mir das Büchlein »Weißt du eigentlich, wie lieb ich dich hab?« aus dem Bücherregal, schüttelte mein Kissen auf, machte es mir auf dem Bett bequem, streichelte meinen Bauch und begann zu lesen: »Der kleine Hase sollte ins Bett gehen, aber er hielt sich noch ganz fest an den langen Ohren des großen Hasen. Der kleine Hase wollte nämlich sicher sein, dass der große Hase ihm auch gut zuhört. »Rate mal, wie lieb ich dich hab«, sagte er. »Oh«, sagte der große Hase, »ich glaub nicht, dass ich das erraten kann.« Und in der Tat konnte ich mir damals nicht vorstellen, wie sehr ich diesen kleinen Jungen lieben würde, der da in meinem Bauch herumturnte. Ich liebte ihn bereits, das war klar, doch wie sehr, sollte sich erst noch zeigen.

Mein Kleiner kam zum errechneten Termin. Um zwei Uhr morgens wachte ich mit starken und regelmäßigen Wehen auf. Neuneinhalb Stunden später kam er heraus und wurde mir in die Arme gelegt. Ich konnte mein Glück kaum fassen, als sich unsere Blicke zum ersten Mal trafen! Keine Worte dieser Welt könnten die Ehrfurcht und Liebe beschreiben, die jede Zelle meines Körpers durchfluteten. Es war einfach wunderbar.

Als werdende Eltern steht euch dieses Vergnügen noch bevor. Beim Anblick dieses kleinen Bündels wird sich euer Leben schlagartig für immer ändern. Solltet ihr schon mittendrin sein im Leben mit Baby, Kleinkind oder Kind, dann habt ihr bereits eine Ahnung davon, wie groß eure Liebe und Sorgen sind. Denn der Geruch von Babylotion, das Gefühl, wenn sich ein kleines, behaartes Köpfchen an euch schmiegt, das erste Brabbeln, die ersten Schritte, all dies gräbt sich tief in eure Erinnerung, und plötzlich wird euch klar, dass ihr wirklich dafür verantwortlich sind, diesen kleinen Menschen zu begleiten, bis er erwachsen ist. Die Frage lautet: Wie, um alles in der Welt, soll ich das anstellen?

Mit der Wahl dieses Buchs hast du bereits bewiesen, dass du dir deiner Verantwortung bewusst bist. Du hast dir das Ziel gesetzt, eine eng verbundene Familie zu haben, und bist damit bereits auf dem richtigen Weg. Ich beglückwünsche dich zu deiner Einsicht und deinem Vorhaben, deiner Familie zu größtmöglichem Glück zu verhelfen.

Ich freue mich sehr, die wundervollen, neuen Einsichten, die ich durch *Positive Parenting* gewonnen habe, mit dir zu teilen. Ich bin fest davon überzeugt, dass jede Familie, die die Empfehlungen in meinem Buch umsetzt, eine Verbesserung beobachten wird, nicht nur in Hinblick auf das Verhalten der Kinder, sondern auch auf das der Eltern. Schon bald wirst du dich darüber freuen können, dass sich die Beziehungen innerhalb deiner Familie verbessern. Ihr werdet das Glück, Kinder zu haben, viel intensiver spüren. Mit *Positive Parenting* erzieht ihr eure Kinder zu gesunden, ausgeglichenen, einfühlsamen Menschen. Das Beste daran ist, dass ihr dafür nicht die Bindungen innerhalb eurer Familie zu opfern braucht, so wie es durch herkömmliche Erziehungsmethoden oft geschieht. *Positive Parenting* wird nicht nur die Bindung zu eurem Kind stärken, sondern auch den Zusammenhalt innerhalb eurer

Familie. Und diese Verbindung wird ein ganzes Leben lang halten.

Den ersten Schritt tut ihr als Paar, indem ihr euch darauf einigt, diesen Weg gemeinsam zu beschreiten. Ich beschreibe in meinem Buch einen Weg für euch beide. Jeder von euch geht einen individuellen Weg, auf dem ihr euch selbst besser kennenlernt. Dann macht ihr euch gemeinsam auf, um an der Familie zu arbeiten, die ihr euch wünscht. Ihr werdet viel Neues über euch selbst und euren Partner erfahren. Es setzt Verbindlichkeit voraus, eurem Partner, eurem Kind und euren Idealen gegenüber, die ihr in Kapitel 6 beim Entwurf eures Familienmodells einfließen lasst. Ihr werdet an euch selbst arbeiten und euch darauf einigen müssen, wie eure Zusammenarbeit aussehen soll, aber das Ergebnis könnt ihr euch für kein Geld der Welt kaufen.

In meinem Buch schlage ich verschiedene therapeutische Übungen vor, die euch bei eurer Selbsterfahrung unterstützen. Ich habe sie selbst ausprobiert und empfand sie als sehr hilfreich. Es ist möglich, dass sie bei bestimmten Personen auch negative Gefühle hervorrufen. Solltest du sehr stark auf die Übungen reagieren oder Schwierigkeiten damit haben, rate ich dir, ärztlichen Rat zu suchen.

Ich bin keine Ärztin oder Psychologin.

Positive Parenting ist ein sehr weit gefasstes Thema, und wie immer herrschen auch unter seinen Befürwortern unterschiedliche Meinungen. Ich bin keine Ärztin oder Psychologin. Meine Ausführungen über *Positive Parenting* basieren auf meiner eigenen Meinung. Ich habe unzählige Stunden damit zugebracht, zu forschen, zu lesen, zu recherchieren und meine eigene Seele zu erkunden. Seit nunmehr sechs Jahren fließen die Erfahrungen mit meinen eigenen Kindern mit ein. Außerdem bin ich Gründerin der beliebten und ständig wachsenden Facebook-Community *Positive Parenting: Toddlers and Beyond*. Sie umfasst derzeit 520 000 registrierte Eltern, mit denen ich mich rege austausche.

Ich wünsche allen Eltern und ihren wundervollen Familien alles erdenklich Gute auf ihrem gemeinsamen Weg.

Die Intention dieses Buchs

Du hältst nicht einen der vielen Ratgeber in den Händen, in denen man dir vorschreibt, wie du dein Kind erziehen sollst. Du bist die Expertin, wenn es um deine Kinder geht, nicht ich.

Es liegt an dir, in der jeweiligen Situation zu entscheiden, was richtig ist. Ich werde dir Ratschläge geben, die in meiner Familie gut funktioniert haben und die von Neurowissenschaftlern und Psychologen als wirksam erachtet werden, um emotional stabile, verantwortungsbewusste Kinder zu erziehen. Aber ich will betonen, dass es sich um Ratschläge von einer Mutter für Eltern handelt und nicht um ein Regelwerk.

Du bist die Expertin, wenn es um deine Kinder geht.

Das große Ziel ist eine gesunde, verbundene Familie, denn davon profitieren nicht nur die Kinder, sondern auch die Eltern. Bei dir fängt das Ganze an, deswegen arbeiten wir zunächst daran, dich besser zu machen. Du bist der Mensch, zu dem diese kleine Person aufschaut, und von dem sie täglich lernt. Wenn du lernst, deine Trigger zu deaktivieren, mehr Vertrauen und Selbstdisziplin zu gewinnen und die Gestaltung deiner eigenen Lebensgeschichte aktiv in die Hand zu nehmen, wird deine gesamte Familie davon profitieren.

Danach richtet sich der Fokus darauf, sich als Paar zu einigen und einen Mittelweg zu finden, auf dem ihr euch beide wohlfühlt. Ihr lernt euch gegenseitig wertzuschätzen, effektiv miteinander zu kommunizieren sowie eure Partnerschaft zu verbessern und legt damit den Grundstein für eure Familie.

In einem nächsten Schritt erörtern wir, wie du die Basis für einen starken Familienzusammenhalt schaffst. Mithilfe von Routinen und Traditionen kreierst du eine eigene Familienkultur und definierst, was deine Familie ausmacht. Mit der nötigen Portion Beharrlichkeit und Selbstdisziplin kannst du dir deinen Traum von einer glücklichen, liebevollen Familie erfüllen.

In den letzten Kapiteln geht es darum, Disziplin neu zu definieren. Du wirst lernen, reflexartige Reaktionen zu unterdrücken und unwirksame Bestrafungsmaßnahmen zu unterlassen. Stattdessen wirst du mehr über lösungsorientierte Disziplin erfahren, aus der dein Kind tatsächlich etwas lernt, und die es dazu inspiriert, die beste Version seiner selbst zu werden. Ich werde mir die fünf häufigsten Verhaltensweisen vornehmen, die Eltern triggern, und werde Lösungsvorschläge machen, wie du diesem Verhalten im Sinne von *Positive Parenting* begegnen kannst.

Am Ende eines jeden Kapitels findest du eine Liste mit Fragen, die du zusammen mit deinem Partner durchgehen sollst. Sie dienen dazu, eure Kommunikationsfähigkeit zu verbessern, eine gemeinsame Basis zu finden und eure Partnerschaft zu stärken. Diese Fragen sind wichtig, und auch, wenn ihr manchmal versucht sein solltet, sie einfach zu überspringen und weiterzulesen, hoffe ich, dass ihr euch die Zeit nehmt und sie durcharbeitet.

Den Fragen schließt sich jeweils der Abschnitt »Praktische Anwendung« an. Hier erfährst du, wie du die Ideen des jeweiligen Kapitels zu Hause in die Praxis umsetzt. In manchen Abschnitten gebe ich zusätzliche Tipps und schlage Übungen vor, die du mit deinen Lieben ausprobieren kannst.

Ich lade dich auch herzlich zu unserer stetig wachsenden Facebook-Community, *Positive Parenting: Toddlers and Beyond* ein, wenn du nicht schon Mitglied bist. Hier findest du Unterstützung, Ermutigung, und Informationen, um die Ziele, die du dir als Mutter gesteckt hast, erreichen können.

1

Die Philosophie von Positive Parenting

Ich war in eine Falle getappt. Gefangen im Netz gesellschaftlicher Erwartungshaltungen, hörte ich nicht mehr auf meine innere Stimme. Anstatt zu tun, was ich tief in meinem Herzen als richtig erachtete, tat ich, was mir Magazine, Familienmitglieder und Experten vorschrieben. Dabei fühlte es sich immer so falsch an. Und genau da liegt das Problem. Ich glaube, dass wir die Zeit, die wir mit unseren Kindern verbringen dürfen, genießen sollten. Kinder sind ein Geschenk, ein Wunder, doch anstatt sich jeden Tag aufs Neue an ihnen zu erfreuen, machen so viele von uns den Fehler, nur noch darauf fokussiert zu sein, ihr Verhalten in den Griff zu bekommen.

Schnell wird aus dem ruhigen Säugling, der sich kaum bewegt, eine energiegeladene kleine Person mit eigenem Willen. Mit Anbruch der Kleinkindzeit werden die Warnungen immer lauter vor dem, was noch bevorsteht: trotzige Kleinkinder, tyrannische Kindergartenkinder, pubertierende Monster. Neben diesen beängstigenden Warnungen bekommen wir von aller Welt massenhaft Ratschläge, mithilfe derer wir unsere Kinder gefälligst in Schach zu halten haben. Und so kommt es, dass die lärmenden Stimmen derer, die uns erzählen wollen, wie wir unsere Kinder zu erziehen haben, die leise Stimme tief in unserem Herzen übertönen.

Wir waren mit dieser extrem negativen Wahrnehmung von Kindern und ihren Beweggründen einverstanden. Unsere entzückenden Babys lieben wir abgöttisch, doch noch bevor sie das zarte Alter von 24 Monaten erreicht haben, befürchten wir, dass aus diesen süßen, unschuldigen Babys kleine Tyrannen werden, die unsere Autorität untergraben und zu Hause alle Macht an sich reißen.

Mache dir bewusst, wie negativ die Botschaft ist, die in unserer Gesellschaft vorherrscht:

- Wir werden glauben gemacht, dass ein Kind, – selbst ein Baby – das nicht alleine schlafen kann, versucht, uns zu manipulieren, um mehr Aufmerksamkeit zu bekommen. Wir bekommen den Rat, dem Ganzen schnell einen Riegel vorzuschieben, indem wir das weinende Kind ignorieren, damit es die Möglichkeit hat, sich selbst zu beruhigen und es konsequent in sein eigenes Bett zu schicken, wenn es in unserem Trost sucht. Doch dieser kleine Mensch, wenige Monate oder Jahre alt, verlangt nur instinktiv nach dem, was er braucht – der Nähe zu seinen Eltern.
- Trotzanfälle werden als geplanter und hinterhältiger Versuch erachtet, unsere Aufmerksamkeit zu erregen oder den eigenen Willen durchzusetzen. Auch hier bekommen wir den Ratschlag, das Kind nicht zu beachten, um sein negatives Verhalten nicht zu bestätigen. Nur wenige Jahre, nachdem diese Kinder unsere Bäuche verlassen haben, sehen wir sie als hinterhältige Gauner, statt als junge menschliche Wesen, denen noch das Rüstzeug fehlt, klar zu kommunizieren und mit verschiedenen Situationen zurechtzukommen. Dabei bräuchten sie nichts weiter als die Begleitung und Hilfe einer Bezugsperson.
- Das Verhalten eines Kleinkinds, das sich völlig normal entwickelt, wird genau genommen als Infragestellung unserer Autorität interpretiert. Man rät uns dazu, stets hart durchzugreifen, um zu verhindern, überrannt zu werden.

Das sind die vorherrschenden »Wahrheiten« über Kinder in unserer Gesellschaft. Deswegen wird uns auch gesagt, so früh wie möglich damit zu beginnen, Kontrolle auszuüben und klarzustellen, wer der Boss ist. Für kurze Zeit funktioniert diese Art der Dominanz ziemlich gut. Schließlich sind wir mit unserer Körpergröße, Stärke und unserem voll entwickelten Gehirn entscheidend im Vorteil. Doch früher oder später wird das Kind damit beginnen, aufzubegehren. Und an diesem Punkt beginnt der nie enden wollende Machtkampf – oder Erziehung im modernen Sinn.

Wenn zu den innerfamiliären Spannungen Erschöpfung und Frustration kommen, kann die Paarbeziehung darunter leiden. Es entbrennen Streitigkeiten darüber, wie das Kind effektiv zurechtgewiesen werden sollte. Das Auseinanderklaffen von Theorie und Praxis treibt oft einen Keil zwischen die Eltern. Gemäß der gesellschaftlichen Erwartungshaltung hungern wir nach Kontrolle und riskieren, dass dieser Kontrollhunger langsam aber stetig die Bindungen zu unseren Kindern und unserem Partner zerfrisst.

Warum fühlen wir uns so wütend und machtlos? Weil wir die Kontrolle nur bis zu einem gewissen Punkt aufrechterhalten können. Und wenn sie uns entgleitet, geraten wir in Panik, brüllen herum, drohen und bestrafen. Der Teufelskreis dreht sich immer weiter, bis wir irgendwann in der Beziehung zu diesen kleinen wunderbaren Wesen, die wir vor nicht allzu langer Zeit in unseren Armen hielten, überhaupt kein Glück mehr empfinden. Ich spreche aus Erfahrung, weil ich eine solche Mutter war.

Es gab Zeiten, in denen ich so darauf fokussiert war, jedes kleine Fehlverhalten zu bestrafen, dass unseren Tagen jegliches Glück verlorenging. Mein Sohn und ich waren unglücklich. Je stärker ich ihn meine Macht spüren ließ, desto schlechter benahm er sich und desto weiter drifteten wir auseinander.

Wie so viele, war ich eine unglückliche Mutter und hatte das Gefühl, in der Falle zu sitzen. Nun, da ich mich daraus befreit habe, möchte ich alle anderen Eltern aus ihren Fesseln befreien. Im Jahr 2010 gründete ich auf Facebook eine Online-Community namens *Positive Parenting*: *Toddlers and Beyond*. Sie entstand aus dem Wunsch, mit anderen Eltern Kontakt aufzunehmen, die, so wie ich, einen anderen Weg einschlagen wollten, sich aber noch nicht sicher waren, in welche Richtung es gehen sollte. Zu erleben, wie diese Community auf mittlerweile 520 000 Mitglieder wuchs, war eine riesige Bestätigung für mich. Hunderttausende von Eltern entdeckten, wie wirksam *Positive Parenting* ist, und es ist noch kein Ende in Sicht. Wöchentlich schließen sich uns 8000 weitere Eltern an! Ich hatte die Bindung zu meinem Sohn verloren, aber durch *Positive Parenting* habe ich sie zurückgewonnen. Es erfüllt unser Zuhause und auch das vieler anderer Familien mit so viel Frieden und Glück.

Katrina hat auf Facebook eine ganz ähnliche Geschichte geteilt: »Positive Parenting *hat die Beziehung zwischen mir und meinem Sohn gerettet – und meine geistige Gesundheit*«, berichtete sie. »*Als ich dieses kleine, wild um sich schlagende Wesen an jenem Tag zum zehnten Mal zu einem Time-out verdonnerte und fest umklammert hielt, fragte ich mich, was mit meinem Kind nicht stimmte und warum ich eine solcher Versagerin in Sachen Erziehung war, da ich es nicht hinbekam, mein Kind unter Kontrolle zu bringen. Positive Parenting hat mir eine völlig neue Perspektive eröffnet und mir Strategien an die Hand gegeben, mit deren Hilfe das Glück wieder in unser Zuhause einzog.*«

Ich vermute, dass sich viele andere Eltern genauso fühlen wie ich und Katrina uns früher fühlten – sie vermissen das Glück, das sie in den ersten Monaten nach der Geburt empfanden, als sie eine Bindung zu ihrem Neugeborenen aufbauten. Ich war so erleichtert, als ich *Positive Parenting* für mich entdeckte. Als ich über seine Philosophie las, fiel mir ein riesengroßer Stein vom Herzen, und als ich sie in meiner eigenen Familie anwandte, konnte ich umwälzende Veränderungen beobachten. Das ist der Grund, warum ich mich dazu entschlossen habe, dieses Buch zu schreiben. Ich will diese Informationen mit dir teilen, damit du dich von deinen Ängsten und deinem Kontrollbedürfnis befreien kannst, und durch diese Methode wieder mehr Liebe und Verbundenheit erlebst.

Je stärker ich ihn meine Macht spüren ließ, desto schlechter benahm er sich und desto weiter drifteten wir auseinander.

Ich liebe Robins Geschichte. Robin war sich darüber im Klaren, dass sie ihrer Tochter keine traditionelle Erziehung angedeihen lassen wollte, wusste aber nicht im Entferntesten, wie die Alternative aussehen sollte. Sie berichtete mir, dass mit *Positive Parenting* ihr ganzes Familienleben von viel mehr Frieden und Freude geprägt sei und dass sie die gemeinsame Zeit mit ihrer Tochter richtig genieße. Die Beziehung zwischen ihr und ihrer Tochter habe sich wesentlich verbessert, wobei sich die Kleine sehr gut benehme. Am meisten bewegte mich Robins Satz: »Ich behandelte mein Kind mit Liebe und Respekt und begann dadurch mehr über mich selbst nachzudenken, besonders darüber, wie ich mit meinen eigenen Gefühlen umgehe. *Positive Parenting* anzuwenden, hat aus mir tatsächlich eine bessere Mutter gemacht – eine ruhigere, geduldigere und empathischere.« Damit hat Robin auf ganz wundervolle Weise bekundet, dass *Positive Parenting* lebensverändernd sein kann!

Was versteht man unter Positive Parenting?

Positive Parenting ist eine Philosophie, die auf der Idee der Bindung basiert. Es handelt sich dabei nicht nur um eine Erziehungsmethode, sondern beinhaltet auch, die Beziehung zu seinen Kindern auf eine völlig andere Art und Weise zu gestalten. Dies ermöglicht es uns, während allen Entwicklungsstadien und Altersstufen eine starke Bindung zu unseren Kindern aufrechtzuerhalten und sie zu freundlichen und verantwortungsbewussten Menschen zu erziehen.

Konventionelle Erziehungsmethoden spielen Eltern und Kinder häufig gegeneinander aus, als wären sie Gegner in einem nie enden wollenden Machtkampf. Dies führt zwangsläufig zu einem Bindungsverlust zwischen den Familienmitgliedern und zu großem Unmut. Zum Glück gibt es einen Ausweg! Mit *Positive Parenting* kannst du die enge Bindung, die dein Kind so dringend braucht, aufrechterhalten. Du kannst es begleiten, bis es auf eigenen Beinen steht, und mit ihm zusammenarbeiten, anstatt gegeneinander zu sein. Sobald ihr wieder eine enge Bindung zueinander habt, kommt der Wille zur Kooperation und automatisch auch wieder mehr Glück und Ruhe ins Familienleben.

Konventionelle Erziehungsmethoden spielen Eltern und Kinder häufig gegeneinander aus.

Viele Leute fragen, ob es sich dabei um einen permissiven, also freizügigen und nachlässigen Erziehungsstil handele, aber das ist mit Sicherheit nicht der Fall. Permissive Eltern setzen weder Grenzen, noch fordern sie deren Einhaltung ein, positive Eltern schon. Ich kann verstehen, dass es zunächst ein Ding der Unmöglichkeit scheint, ohne Strafandrohung Grenzen zu setzen, aber ich versichere dir: Der Verzicht auf Bestrafung ist nicht gleichzusetzen mit dem Verzicht auf Disziplin. Ich bin der festen Überzeugung, dass den Unzulänglichkeiten des Lebens nicht mit Strafen beizukommen ist. Kinder übernehmen Verantwortung für ihr Handeln, indem sie Falsches berichtigen, Probleme, die sie verursacht haben, selbst lösen und lernen, zukünftig bessere Entscheidungen zu treffen. Ein Kind lernt Selbstdisziplin durch Handeln und nicht durch Strafen. Wenn der Paradigmenwechsel erst einmal geschafft ist, und du verstanden hast, dass Disziplin eine Frage des Lernens ist, wird es ein Leichtes für dich sein, deinem Kind die Richtung auch ohne Bestrafung vorzugeben.

Der Verzicht auf Bestrafung ist nicht gleichzusetzen mit dem Verzicht auf Disziplin.

Die fünf Prinzipien von Positive Parenting

Positive Parenting stützt sich auf fünf Grundpfeiler: Bindung, Respekt, proaktive Erziehung, empathisches Führen und positive Disziplin. Bei der Bildung einer engen Eltern-Kind-Bindung greifen diese fünf Prinzipien ineinander und ermöglichen es dir, dein Kind als die starke Führungsfigur, die es braucht, durch seine Kindheit zu begleiten.

1. Bindung

Nach den Begründern der Bindungstheorie, dem englischen Kinderpsychiater John Bowlby sowie der amerikanischen Psychologin Mary Ainsworth, sind die Bindungen, die wir als Kind zu unseren ersten Bezugspersonen aufbauen, verantwortlich für:

- die Qualität aller unserer zukünftigen Beziehungen,
- unsere entsprechend stark oder schwach ausgeprägte Fähigkeit, uns zu fokussieren, unsere eigenen Gefühle bewusst wahrzunehmen sowie uns selbst zu beruhigen,
- unsere Fähigkeit, Schicksalsschläge zu verkraften.[1]

Kinder haben die Veranlagung, Bindungen auf biochemischer Ebene aufzubauen. Dies geschieht zunächst mit ihren engsten Familienmitgliedern, später erweitert sich der Personenkreis. Finden diese frühen Verknüpfungen im Gehirn des Kindes nicht statt, kann sich sein Gehirn nicht normgerecht entwickeln. Kann das Kind aber stabile Bindungen aufbauen, gibt ihm dies ein Gefühl der Sicherheit. Forscher fanden Hinweise darauf, dass Kinder, die in jungen Jahren keine festen, sicheren Bindungen entwickeln, im späteren Leben häufig Verhaltensauffälligkeiten aufweisen und Beziehungsprobleme haben.[2]

2. Respekt

Kinder verdienen ebenso große Beachtung, Rücksicht, Höflichkeit und Zuvorkommenheit wie alle anderen Menschen auch. Studien haben gezeigt, dass Kinder von liebenden, fürsorglichen Eltern einen größeren Hippocampus entwickeln, wodurch sie über eine bessere Gedächtnisleistung, Lernfähigkeit und Stresstoleranz verfügen.[3] Wir ehren die Seele unseres Kindes, indem wir fürsorglich und positiv sind. Wir ehren seinen Körper, indem wir uns bewusst dagegen entscheiden, es zu schlagen oder ihm absichtlich Schmerzen zuzufügen, um es zu drillen. Wir respektieren seine Persönlichkeit, indem wir ihm den nötigen Freiraum schenken, sich selbst auszuprobieren und ganz nach seinem eigenen Tempo zu entwickeln. Wir respektieren seine Seele, indem wir uns bewusst machen und anerkennen, dass jedes Kind einzigartig ist.

3. Proaktive Erziehung

Proaktive Eltern handeln bereits beim ersten Anzeichen unerwünschten Verhaltens. So verhindern sie, dass es sich etabliert und zum Problem wird. Sie investieren besonders viel Zeit, um eine enge Bindung zu ihrem Kind aufzubauen. Außerdem versuchen proaktive Eltern, ihr Kind vorausschauend anzuleiten. Viele Probleme, die aus einem Bindungsdefizit entstehen oder daraus, dass es dem Kind an Wissen oder Anleitung mangelt, lassen sich auf diese Weise verhindern. Proaktive Erziehung meint, dass Eltern auf das Verhalten ihrer Kinder nicht nur reagieren, sondern ihnen Rückmeldung geben. Eine solche Rückmeldung müssen wir genauso wie unser Handeln im Voraus planen. Während reaktive Eltern impulsiv handeln, kontrollieren sich proaktive Eltern und handeln planvoll.

4. Empathisches Führen

Im Gegensatz zu permissiven Eltern übernehmen positive Eltern ihren Kindern gegenüber eine Führungsrolle. Eltern, die nicht bereit sind, ihre Kinder durch diese große, unbekannte Welt zu leiten, erweisen ihnen einen Bärendienst. Empathisch zu sein bedeutet, dass wir die Bedürfnisse unserer Kinder kennen und auf sie eingehen. Die Kinder fühlen sich gehört und verstanden, halten sich aber dennoch an die Grenzen, die wir ihnen gesetzt haben.

5. Positive Disziplin

Es besteht ein großer Unterschied zwischen Bestrafung und Disziplin. Bestrafung zielt darauf ab, jemandem so viel Leid zuzufügen, dass er ein bestimmtes Verhalten (und damit auch die Bestrafung) in Zukunft vermeiden wird. Positive Disziplin meint, einer Person beizubringen, ihre Impulse und ihr Verhalten zu kontrollieren, neue Fähigkeiten zu erlernen, Fehler zu beheben und Lösungen zu finden.

Viele moderne »Erziehungsmethoden« konzentrieren sich ausschließlich auf die Disziplinierung von Kindern. Die Philosophie von *Positive Parenting* beinhaltet weitaus mehr als nur Disziplin. Wir sollten uns darüber im Klaren sein, dass diszipliniertes Handeln und Benehmen durchaus wichtig, aber nur ein Teilaspekt sind. Es geht darum, wie dein Kind seine Kindheit erleben soll. Dabei sind es nicht nur Ermahnungen und Zurechtweisungen, die unsere Kinder prägen – was ihre Kindheit letztlich ausmacht, sind die vielen kleinen Erfahrungen, die sie in ihrem Verlauf machen. Es sind Momente des Lachens und Weinens, des Erfolgs und Scheiterns, der Ermutigung und Demoralisierung, der Freude und der Trauer, der Akzeptanz und Verleugnung, der Entfremdung und der Versöhnung.

Hirnforschung 1 x 1

Ich werde mich in meinem Buch immer wieder auf das obere (denkende) Gehirn und auf das untere (Reptilien-) Gehirn beziehen. Diese Begriffe stammen vom Neuropsychiater Dr. Daniel Siegel und der Psychotherapeutin und Erziehungsexpertin Dr. Tina Payne Bryson, die damit für die verschiedenen Regionen und Funktionen des Gehirns eine vereinfachte Erklärung liefern. Lass mich kurz erklären, was damit gemeint ist.

Ich bin der Meinung, dass Eltern ihren Erziehungsstil nur dann grundlegend ändern können, wenn sie prinzipiell verstanden haben, auf welche Weise das Gehirn funktioniert und wie die Gehirnentwicklung bei Kindern abläuft. Für mich jedenfalls war dies eine wichtige Voraussetzung. Ohne Vorkenntnisse sind meine Thesen über das menschliche Verhalten nur schwer nachzuvollziehen.

Wie ich eingangs erwähnt habe, bin ich keine Expertin und greife daher auf die Erkenntnisse von Dr. Siegel und Tina Payne Bryson zurück, die mit *Achtsame Kommunikation mit Kindern* Pionierarbeit geleistet haben. Siegel und Payne liefern ein stark vereinfachtes Modell dieses sehr komplexen Organs, demzufolge das untere Gehirn aus dem Hirnstamm und dem limbischen System besteht, die zusammen den tiefliegenden Bereich des Gehirns bilden. Der Hirnstamm ist bereits bei der Geburt gut entwickelt. Dieser primitive Teil unseres Gehirns steuert einfache mentale und neuronale Vorgänge, beispielsweise starke Gefühle und Instinkte sowie lebenswichtige Funktionen, wie etwa Atmung und Verdauung.

Im oberen Hirn finden komplexere und anspruchsvollere Denkprozesse statt, wobei es bei der Geburt noch unreif ist und erst im Verlauf der ersten Lebensjahre wächst. Im Gegensatz zum primitiven unteren Gehirn ist das obere Gehirn zum Beispiel für unsere Denk- und Empathiefähigkeit sowie Emotionsregulation zuständig und erlaubt uns damit, erfüllende Beziehungen mit anderen Menschen einzugehen und ein ausgeglichenes, sinnvolles Leben zu führen.[4]

Diese Informationen sind der Schlüssel zum Verständnis typisch kindlicher Verhaltensweisen wie Wutanfälle oder Aggressionen. Wenn Eltern klar wird, dass ihr Kleinkind schlichtweg nicht über die kognitiven Möglichkeiten verfügt, innezuhalten und nachzudenken (weil dafür sein noch unterentwickeltes, oberes Gehirn zuständig ist), verstehen sie auch, dass das Ganze nicht eine Frage ihrer Erziehung, sondern schlichtweg der Hirnreifung ist. Dieses Wissen macht es uns leichter, in frustrierenden Situationen empathisch und verständnisvoll zu agieren.

Es bedeutet aber nicht, dass wir das schlechte Benehmen unserer Kinder einfach ignorieren und es als Problem abtun, das sich mit fortschreitender Entwicklung ihres Gehirns von selbst erledigen wird. Doch hilft uns dieses Wissen, unsere Kinder besser zu verstehen und ihr Verhalten effektiver zu beeinflussen.

Hilfreiche Forschungsergebnisse

Es gibt Neurowissenschaftler und Psychologen, die sich ausschließlich mit der Eltern-Kind-Beziehung oder den Auswirkungen von Bestrafung und Scham auf die menschliche Psyche beschäftigen. Zu diesem Themenbereich gibt es stapelweise Bücher und zig wissenschaftliche Artikel. Ich empfehle dir das Buch *Achtsame Kommunikation mit Kindern* von Siegel und Bryson sowie *The Science of Parenting* von Margot Sunderland. Falls du mehr in die Tiefe gehen und dich noch detaillierter über die wissenschaftlichen Voraussetzungen von *Positive Parenting* informieren willst, empfehle ich dir die Publikationen von Alfie Kohn, Allan Schore und Gordon Neufeld. Nichtsdestotrotz werde ich dir einen kurzen Überblick geben.

Wir wissen bereits, dass Bindung für die gesunde Entwicklung von Kindern eine entscheidende Rolle spielt. Außerdem haben wir erfahren, dass die ersten Bindungen, die wir im frühen Kindesalter eingehen, jene Gehirnstrukturen prägen, die wir ein Leben lang bei der Gestaltung unserer Beziehungen zu anderen Menschen nutzen. Man hat herausgefunden, dass die ersten Beziehungserfahrungen im Alter zwischen 12 und 18 Monaten das neuronale Netz unseres Gehirns kodieren, sich das implizite Gedächtnis schon vollständig ausbildet und diese Bindungsmuster als »Vorbild« aller weiteren Beziehungen fungieren, die wir im Laufe unseres Lebens eingehen. Suboptimale frühkindliche Erfahrungen werden auch als Bindungsmuster in unserem Unterbewusstsein abgespeichert und prägen lebenslang unsere Reaktion und Wahrnehmung, auch wenn wir bewusst neue Bindungsmuster schaffen.[5]

In einfachen Worten ausgedrückt, sind wir Eltern es, die den Grundstein dafür legen, wie unsere Kinder zwischenmenschliche Beziehungen erleben werden. Wir können die Messlatte hoch oder niedrig hängen, unseren Kindern respektvoll oder respektlos begegnen, ihnen Mut zusprechen oder sie entmutigen. Deswegen ist es so wichtig, dass wir uns jetzt schon um eine gesunde, von Respekt und Mitgefühl geprägte Beziehung mit unseren Kindern bemühen, damit sie im späteren Leben nicht ungesunde Beziehungen bevorzugen oder tolerieren.

Das Knüpfen von Bindungen ist entscheidend, da unser Gehirn explizit dafür ausgelegt ist. Bleiben diese Bindungen aus, führt dies zu emotionalem Leid. Schmerzliche zwischenmenschliche Erfahrungen wie Ausgrenzung, Geringschätzung oder verbale Brutalität erleben wir sogar als realen physischen Schmerz.

Der Wissenschaftler Matthew Lieberman stellt fest: »Viele Studien an Säugetieren, vom kleinen Nagetier bis hin zum Menschen, haben gezeigt, dass wir wesentlich von unserer sozialen Umgebung geprägt werden und dass wir sehr darunter leiden, wenn unsere sozialen Bindungen bedroht sind oder zerstört werden. Geschieht dies in der Kindheit, kann es zu langfristigen Gesundheits- und Erziehungsproblemen kommen. Es mag uns nicht in den Kram passen, so konzipiert zu sein, dass unser ganzes Wohlbefinden von den Bindungen, die wir mit anderen Menschen eingehen, abhängt, aber das sind nun einmal die Fakten.«[6]

Keiner fügt seinem Kind absichtlich emotionalen oder körperlichen Schmerz zu. Unsere Eltern wussten nicht, dass Schläge auf den Hintern Auswirkungen auf die graue Substanz im Gehirn haben können, die unsere Intelligenz, Lernfähigkeit, sensorische Wahrnehmung, Sprachentwicklung, Muskelkontrolle, Gefühle und Gedächtnisleistung beeinflusst.[7] Sie hatten keine Ahnung, dass Angsthormone giftig für das Gehirn sind. Die Generationen vor uns hatten keinen Zugang zu diesem Wissen, da sich die Bindungsforschung erst innerhalb der vergangenen 20 Jahre etabliert hat. Heute, im Besitz dieses Wissens, haben wir die Verantwortung, in der Erziehung unserer Kinder die notwendigen Veränderungen vorzunehmen. Nur so können wir unsere Kinder gesund und gut gewappnet in die Welt entlassen.

Natürlich ist es einfacher, die Forschungsergebnisse zu ignorieren, und das zu glauben, was uns seit jeher erzählt wird. Es ist leichter, weiterzumachen wie gehabt – es so zu machen, wie unsere Familien und Freunde. Doch damit würden wir unseren Kindern und den zukünftigen Generationen großes Unrecht zufügen. Sie verdienen, dass wir unser Bestes tun und alles verfügbare Wissen nutzen, auch wenn das bedeutet, dass wir uns selbst neu erfinden müssen.

Die Erkenntnisse der Bindungs- und Gehirnforschung zu ignorieren, käme der Aberkennung der Ergebnisse der Krebsforschung zum Thema Rauchen gleich. So wie manche Leute trotz der bekannten Risiken weiterhin rauchen, wenden auch manche Eltern weiterhin grausame Erziehungsmethoden an. Nicht jeder Raucher erkrankt an Lungenkrebs, und nicht jeder Mensch, der in seiner Kindheit harte Strafen aushalten musste, nimmt seelischen Schaden. Doch drängt sich die Frage auf: Willst du diese Gefahr eingehen? Und wie viel bist du bereit zu riskieren?

Diskussionspunkte

- Wie war deine Meinung über *Positive Parenting*, bevor du dieses Kapitel gelesen hast?
- Denkst du, dass unsere Gesellschaft eine negative Grund-

haltung gegenüber Kindern hat? Was wurde dir über kleine Kinder gesagt? Wie sollte ihre Erziehung aussehen?
- Kannst du dich an eine Situation erinnern, in der du mit deinem »unteren Gehirn« reagiert hast, zum Beispiel mit großer Wut, um im Nachhinein diese Situationen mit deinem »oberen Gehirn« zu analysieren, um das jeweilige Problem rationaler und effizienter anzugehen?

Praktische Anwendung

Du praktizierst *Positive Parenting*, wenn du dein Handeln nach den fünf Prinzipien ausrichtest, die ich in diesem Kapitel erläutert habe: Bindung, Respekt, proaktive Erziehung, empathisches Führen und positive Disziplin. Lass uns einen Blick darauf werfen, wie euer Alltag aussehen könnte.

Bindung

Unabhängig vom Alter deines Kindes baust du eine Bindung zu ihm auf, indem du *liebevoll auf seine Bedürfnisse eingehst*. Eine sichere Bindung bezieht sich auf die emotionalen Erfahrungen des Kindes und nicht darauf, wie du eure Beziehung wahrnimmst. Daher ist wichtig, dass du die Hinweise deines Kindes verstehst und erkennst, was es braucht, egal ob es drei Monate, drei oder dreizehn Jahre alt ist. Hier habe ich ein paar Tipps, wie du eine sichere Bindung zu deinem Kind aufbaust:

- Reagiere umgehend und liebevoll auf Weinen oder negative Gefühlsäußerungen.
- Achte auf die Bedürfnisse deines Kindes nach Nahrung, Ruhe, Spielen und Trost und gehe entsprechend darauf ein.
- Schenke deinem Kind deine volle Aufmerksamkeit und lass dich nicht ablenken. Lebe im Moment.

- Schenke deinem Kind häufig positive Aufmerksamkeit, indem du mit ihm sprichst, lachst, spielst und schmust.

Typischerweise denken wir beim Begriff »Bindung« an Babys, doch auch Kinder sind dem Bedürfnis nach einer sicheren, stabilen Bindung längst nicht entwachsen. Während wir auf das Schreien unseres Babys noch ganz instinktiv reagieren, fragen wir uns bei unserem weinenden Zweijährigen vielleicht schon, ob wir ihn nicht besser ignorieren sollten, und unserem Zehnjährigen erzählen wir ungeachtet des Grunds für sein Schluchzen, dass doch alles halb so schlimm sei und er nun aufhören solle. Doch können wir die starke Bindung zu unserem Zwei- oder Zehnjährigen nur dann aufrechterhalten, wenn wir weiterhin liebevoll auf seine Bedürfnisse eingehen. Wenn wir das Weinen unseres Kindes ignorieren oder uns darüber lustig machen, setzen wir damit die Bindung zu ihm aufs Spiel. In Kapitel 10 werde ich erläutern, wie du liebevoll auf einen Wutanfall reagierst, ohne deinem Kind seinen Willen zu geben. Die Signale eines Kindes während seiner gesamten Entwicklung richtig lesen zu können, ist einer der Hauptpfeiler von *Positive Parenting*. Unser Baby zeigt uns, ob es Schlaf, Nahrung, spielerische Zuwendung oder Trost braucht. Indem wir lernen, seine Signale zu deuten, legen wir den Grundstein für das Verständnis der komplexeren Bedürfnisse, die unsere Schützlinge im Lauf ihrer Kindheit entwickeln. Darüber hinaus hilft uns dieses Verständnis ungemein bei der Erziehung, da wir das Bedürfnis, das sich hinter dem jeweiligen Verhalten unserer Kinder verbirgt, einschätzen können. Dies meint auch, die Bedürfnisse eines Teenagers, etwa nach mehr Privatsphäre, zu erkennen. Nicht nur Babys brauchen unsere liebevolle Zuwendung. Sie ist das Fundament einer sicheren Bindung während der gesamten Kindheit.

Nicht nur Babys brauchen unsere liebevolle Zuwendung

Respekt

Es gibt viele Möglichkeiten, deinem Kind Respekt zu zollen. Denke daran, dass es anderen nur dann seinen Respekt entgegenbringen wird, wenn es selbst respektvoll behandelt wurde. Sei achtsam bei der Kommunikation mit deinen Kindern – sei eine gute Zuhörerin. Mehr dazu erfährst du in Kapitel 4.

- Gehe respektvoll mit dem Körper deines Kindes um. Natürlich ist die Versuchung groß, seinen Milchbart schnell mit etwas Spucke wegzuwischen, aber fändest du das nicht auch ekelig? Ich jedenfalls schon. Oft denken wir gar nicht groß darüber nach, wenn wir uns unser Kleinkind ohne Vorwarnung schnappen, oder einfach anfangen, seine Haare zu bürsten, ohne es vorher gefragt zu haben. Hier gilt als Faustregel, sich selbst zu fragen, ob man gewisse Dinge mit sich machen lassen würde, ohne zuvor gewarnt oder gefragt zu werden.
- Lass dein Kind eigene Entscheidungen treffen. Wenn wir unsere Kinder den ganzen Tag lang herumkommandieren, brauchen wir uns nicht zu wundern, wenn es zu Machtkämpfen kommt. Lass es im Lauf des Tages über kleine Dinge selbst entscheiden. So gibst du ihm das Gefühl, mehr Kontrolle über sein Leben zu haben, und beweist ihm deinen Respekt.
- Sei ehrlich. Du brauchst nicht bis ins kleinste Detail gehen, wenn dein Kind noch zu jung dafür ist. Lügen aber, ist keine Alternative. Wenn du dir Offenheit und Ehrlichkeit wünschst, musst du mit gutem Beispiel vorangehen.
- Entschuldige dich, wenn du deinem Kind Unrecht getan hast. Dies ist eine wunderbare Möglichkeit, ihm zu zeigen, dass du es respektierst. Außerdem lernt es an deinem Vorbild, sich entsprechend zu verhalten, wenn es sich anderen gegenüber falsch verhält.

- Entwickle ein gutes Gespür für die Bedürfnisse deines Kindes. Lass ihm Freiräume und respektiere seine Privatsphäre.
- Stelle dein Kind nicht vor Gleichaltrigen, in der Öffentlichkeit oder im Internet bloß.
- Sprich anderen gegenüber freundlich über dein Kind, besonders dann, wenn es anwesend ist.

Kinder verdienen es, genauso respektvoll behandelt zu werden wie alle anderen Menschen auch. Wir sollten sie nicht niedermachen, beleidigen, grob anfahren oder uns über sie lustig machen. Wir sollten ihnen keine Gewalt androhen oder sie schlagen. Solche Erziehungsmethoden sind nicht »hart aber herzlich«, sondern schlichtweg Mobbing. Kinder lernen am lebenden Beispiel. Wenn sie zu Hause auf diese Art und Weise behandelt werden, werden sie wahrscheinlich auch ihre Mitmenschen so behandeln – in der Annahme, dass ihre Eltern ihr Verhalten gutheißen, da sie die Personen sind, bei denen sie es sich abgeschaut haben.

Proaktive Erziehung

Proaktive Erziehung beinhaltet zwei Grundgedanken: (1) Probleme anzugehen, bevor sie außer Kontrolle geraten, und (2) sich für problematische Situationen bereits im Vorfeld einen Plan zurechtzulegen. Nehmen wir als Beispiel den Fall der dreijährigen Jenny, die sich beim Spielen mit anderen Kindern aggressiv verhält. Sofern sie nicht sogar schon damit angefangen haben, würden proaktive Eltern sofort damit beginnen, Jenny beizubringen, ihre Gefühle zu kontrollieren, eine »Ruhezone« für sie zu schaffen, und die Regel »Kein aggressives Verhalten« aufzustellen. Sie würden ihr Bilder mit verschieden menschlichen Gesichtsausdrücken zeigen und über die jeweiligen Gefühle reden, die sie ausdrücken. Vielleicht würden sie mit Handpuppen einen kleinen Sketch aufführen und ihr helfen, ein Time-out-Glas zu basteln (siehe Kapitel 9). Beim nächsten Treffen mit Spielkameraden würden Jennys Eltern beim ersten Anzeichen aggressiven Verhaltens die Verhaltensregel umsetzen und Jenny in ein Time-in nehmen oder sie in eine Ruhezone bringen. Die Time-in-Methode erörtere ich in Kapitel 9. Mama und Papa wissen schon im Vorfeld, was zu tun ist, wenn sich ihr Kind aggressiv verhält, und sind deswegen in der Lage, die Situation ruhig und gelassen zu meistern.

Damit proaktive Erziehung in der Praxis gelingen kann, ist es wichtig, dass du früh damit beginnst, Grenzen zu setzen. Du solltest eine Antenne für Verhaltensveränderungen sowie potenziell problematische Verhaltensweisen deines Kindes haben. Außerdem solltest du einen Plan parat haben, wie du auf unerwünschtes Verhalten, besonders solches, das dich schnell wütend macht, reagierst.

Empathische Führung

Es gibt einen Schlüssel, mit dem du dir, beziehungsweise deiner Vernunft, Zugang zum Gehirn deines aufgebrachten Kindes verschaffst: Empathie. Grenzen zu ziehen und Verhalten zu korrigieren gehören zu den Aufgaben von Eltern. Positive Eltern wissen um ihre Wichtigkeit. Sie wissen auch, dass sich Mitgefühl auf das Gehirn ihres Kindes beruhigend auswirkt, sie damit direkt in sein Herz vordringen und es empfänglich machen für ihre Weisheit und Ratschläge. Empathisch zu sein bedeutet, deinem Kind zu zeigen, dass du seine Gefühle verstehst und auf seiner Seite bist. Folgendes Beispiel veranschaulicht den Unterschied zwischen einer empathischem und einer empathielosen Reaktion. Cole hat im Haus Ball gespielt und eine Vase zerbrochen.

Reaktion 1 (empathielos): Cole! Du weißt doch, dass Ballspielen im Haus gegen die Regeln ist! Ich kann einfach nicht glauben, dass du so unvorsichtig warst. Du hast eine Woche Hausarrest!

Reaktion 2 (empathisch): Oh, oh! Du hast die Vase zerbrochen. Du fühlst dich jetzt bestimmt ganz schön mies deswegen. Ich sehe, dass du Tränen in den Augen hast. Das ist der Grund, warum wir die Regel »Kein Ballspielen im Haus« aufgestellt haben. Das ist jetzt wirklich blöd, aber wir machen alle Fehler. Hast du eine Idee, wie du das wiedergutmachen könntest?

Welche Reaktion wird dazu führen, dass Cole sich in sich zurückzieht? Welche dient der Problemlösung?

Positive Disziplin

Oft lassen wir uns dazu hinreißen, dem Fehlverhalten unserer Kinder mit Wut, Aggression, Herabsetzung oder traditionellen Bestrafungsmethoden (z. B. Time-out, Schlagen) zu begegnen. Meiner Meinung nach gibt es einen weitaus besseren Ansatz – einen, der dein Kind nicht klein macht, sondern ihm die Chance gibt, aus seinen Fehlern zu lernen. Du bringst deinem Kind positive Disziplin in drei Schritten bei:

Schritt eins: Schätze das Bedürfnis deines Kindes ein. Dein Kind drückt mit seinem Verhalten seinen inneren Zustand aus. Fehlverhalten deutet auf das Bedürfnis hin, das sich dahinter verbirgt. Wenn Eltern einschätzen können, was ihr Kind braucht, und seine Bedürfnisse erfüllen, stellt es sein Fehlverhalten oft von selbst ein. Bei Kleinkindern und Kindergartenkindern kann das durchaus knifflig sein, da sie ihre Wünsche und Absichten oftmals noch nicht verbal ausdrücken können. Aber zu verstehen, dass kindliches Verhalten oft ein Hilferuf und nicht die absichtliche Unterminierung unserer Autorität ist, hilft uns dabei, mitfühlend und entgegenkommend zu reagieren. Häufig ist es leicht, herauszufinden, was ein Kind braucht, etwa, wenn es hungrig oder müde ist. Mit einer Mahlzeit und einer Runde Schlaf ist alles wieder gut. Manchmal signalisiert ein Kind mit seinem Verhalten auch, dass es eine neue Grenze braucht oder eine neue Fähigkeit erlernen will. In manchen Fällen weist es damit auch auf problematische Geschehnisse außerhalb seines Zuhauses hin. Ein Kleinkind etwa, das gerade entdeckt hat, wie viel Spaß es macht, auf dem Sofa herumzuhüpfen, hat nicht die Absicht, sich schlecht zu benehmen. Es spielt. Vielleicht willst du dennoch nicht, dass es darauf herumtollt, und bittest es, aufzuhören. Doch das Kleine macht weiter. Hierbei handelt es sich um das Signal, dass eine neue Grenze vonnöten ist. Ein weiteres Beispiel ist das Schulkind, das sich nach der Schule plötzlich aggressiv und respektlos verhält. Natürlich darf es mit diesem Verhalten nicht durchkommen, doch handelt es sich eindeutig um den Hinweis darauf, dass das Kind ein Problem mit sich herumträgt. Es wird sein Verhalten einstellen, wenn seine Eltern den Auslöser dafür herausgefunden und ihm dabei geholfen haben, das Problem zu lösen.

Schritt zwei: Beruhige dich und dein Kind. Undisziplinierte Eltern können ihren Kindern keine Disziplin beibringen, daher musst du zunächst dich selbst beruhigen (mehr dazu in Kapitel 2). Bevor du das Problem angehst, solltest du dazu in der Lage sein, deine emotionale Reaktion in eine bewusste Antwort umzuwandeln. Sobald du dich beruhigt hast, kannst du versuchen, dein Kind zu beschwichtigen. Ziel ist es, das obere Gehirn deines Kindes auf den Plan zu rufen, damit es aufhört, emotional zu reagieren und anfängt, nachzudenken. Bis es so weit ist, können zwei bis zwanzig Minuten vergehen, je nachdem, wie weit dein Kind in seiner Entwicklung ist. Time-in mit engem Kontakt zu den Eltern und beruhigenden Übungen, wie Vorlesen oder Malen, helfen dem Kind dabei, sein Gehirn zu beruhigen. Manchmal kommt es vor, dass Kinder das Time-in verweigern und lieber alleine sein wollen. Das ist in Ordnung, vorausgesetzt, es hilft ihnen. Erzwungene Trennungen sind nicht wünschenswert, da sie der Eltern-Kind-Bindung schaden können. Wenn wir unserem Kind hingegen die Freiräume gewähren, nach denen es bittet, respektieren wir seine Bedürfnisse. Sobald dein Kind seine Aufnahmebereitschaft signalisiert, kannst du die Situation mit ihm besprechen und ihm vermitteln, welches Verhalten du dir in Zukunft wünschst.

Schritt drei: Instruiere und löst gemeinsam das Problem. Von Kindern unter vier Jahren können wir nicht erwarten, dass sie Probleme lösen. Sie sind in ihrer kognitiven Entwicklung noch nicht so weit, um beim Problemlösungsprozess Schritt für Schritt vorzugehen. Dennoch können Eltern darüber sprechen, wie sie ein Problem angehen, um die Kleinen dazu zu animieren, ihr Verhalten nachzuahmen. Bei jungen Kindern reicht es, sie an eine Grenze zu erinnern, indem die Eltern sie aus der Situation herausnehmen oder etwa den Gegenstand, den sie geworfen haben, entfernen. »Ballspielen im Haus ist nicht erlaubt, aber du kannst im Garten damit spielen.« »Hauen ist nicht erlaubt. Aber du darfst mit dem Fuß stampfen und deinen Ärger heraustrampeln.« Wenn dein Kind etwa vier bis sechs Jahre alt ist, kannst du damit beginnen, ihm beizubringen, wie man Probleme löst. Stelle dir die folgenden Fragen, um den Stein ins Rollen zu bringen:

- Wie kam es zu der Situation?
- Wie habe ich mich dabei gefühlt?
- Was kann ich machen, wenn es wieder passiert?
- Wie kann ich es in Ordnung bringen?

2

Wichtig: Arbeite an dir selbst!

Am Tag deiner Geburt begann eine neue Geschichte. Deine Eltern hielten ein Buch mit leeren Seiten in den Händen, das darauf wartete, gefüllt zu werden. Nun stehen die Erfahrungen, die du mit deinen Eltern in deinen ersten Lebensjahren gemacht hast, auf diesen Seiten. Deine Eltern – oder die Menschen, die dich großgezogen haben – sind die Autoren der ersten Kapitel. Im Laufe der Zeit kamen weitere »Autoren« dazu: Geschwister, Lehrer und Freunde, sie alle haben zu deiner Geschichte beigetragen. Deine gesamten Erfahrungen bis zum heutigen Tag – besonders die Art und Weise, wie du diese Erfahrungen wahrgenommen hast, – sind in ihrer Summe wesentlicher Teil deiner Identität und fest in deinen Gehirnwindungen verankert. Unsere Geschichten haben Macht. Sie definieren, wer wir sind und wie wir uns verhalten. Sie bestimmen, wie wir die Welt wahrnehmen. Unbewusst überlassen es manche Menschen anderen, ihre Seiten zu füllen, während sie selbst untätig daneben sitzen. Andere hingegen übernehmen die Federführung für ihre Geschichte und wehren sich gegen das, was andere ohne ihre Zustimmung geschrieben haben. So wie du mit einem Rotstift Fehler in einem Manuskript anzeichnest, um es zu verbessern, kannst du auch deine eigene Geschichte in neuem Licht erstrahlen lassen. Du kannst Fehler in deiner Denkweise, die dich behindern, korrigieren. Zwar hattest du über die ersten Seiten deines Buchs überhaupt keine Kontrolle, doch deine heutige Sichtweise dieser ersten Kapitel und deren Verfasser kannst du sehr wohl beeinflussen, und das ist großartig.

Ich erzähle dir Elijahs Geschichte. Er wurde von einer unnahbaren und gleichgültigen Mutter großgezogen. In seiner kindlichen Wahrnehmung sah Elijah sich so, wie seine Mutter ihn sah. Aufgrund ihrer Bindungsunfähigkeit entwickelte Elijah ein sehr negatives Selbstbild und hatte in seinem späteren Leben Probleme damit, echte Beziehungen einzugehen. Elijah befand sich in einem Teufelskreis. Er war sehr misstrauisch und hielt sich selbst für nicht liebenswert. Er stieß die Menschen von sich weg und erkannte nicht, dass er damit das Verhaltensmuster seiner Mutter wiederholte. Seine Beziehungsunfähigkeit führte dazu, dass sein Selbstbild immer negativer wurde.

Mit 19 Jahren hatte Elijah das Glück, jemanden kennenzulernen, der das Gute in ihm sah – seine helle Seite. Diese Person erkannte sein Potenzial und brachte ihn dazu, die ersten Kapitel seiner Geschichte nochmals zu lesen. Dabei erkannte Elijah, dass seine Mutter aufgrund ihrer eigenen Lebensgeschichte keine Bindungen eingehen konnte und nicht, weil irgendetwas mit ihm nicht stimmte. Er war ein unschuldiges Baby gewesen, das unter sehr unglücklichen Umständen auf die Welt gekommen war. Elijah entwickelte Mitgefühl mit dem kleinen Kind von damals und sah ein, dass dieser kleine Junge eine bessere Geschichte verdiente. Durch diese veränderte Sichtweise sah Elijah sich in einem anderen Licht, ein Licht, das von einer Person reflektiert wurde, die von Anfang an seinen wahren Wert erkannt hatte. Stück für Stück verbesserte sich Elijahs Selbstwertgefühl. Endlich war er in der Lage, einen Stift zur Hand zu nehmen und seine Seiten mit schönen Geschichten zu füllen, die auch für seine Zukunft Gutes verhießen.

Wer willst du sein? Wie stellst du dir die beste Version deiner selbst vor? Ähnlich wie Elijah, hilft uns das bewusste Nachdenken über unsere eigene Lebensgeschichte dabei, unsere

Denk-, Reaktions- und Verhaltensmuster besser zu verstehen. Eine zielgerichtete Selbstreflektion über unsere Herkunft führt zu einem besseren Selbstverständnis und einem Überdenken unserer Beziehungsmuster und unserer Weltanschauung. Damit ist der Grundstein für Wachstum gelegt.

Stelle dir folgende Fragen: Wie war meine Kindheit? Welche Ereignisse und Beziehungen formten mich zu dem Menschen, der ich heute bin? Welche waren die Wendepunkte in meinem Leben? Welche Beziehungen (abgesehen von der zu meinen Eltern) waren wegweisend für die Beziehungen, die ich heute mit den wichtigsten Menschen in meinem Leben führe? Welche Erfolge und Tiefschläge in meinem bisherigen Leben prägen meine derzeitigen Zukunftsaussichten? Was denke ich über Kinder und Erziehung?

Nimm dir Zeit, um in Ruhe über diese Fragen nachzudenken und gehe sie mit deinem Partner durch. Anschließend kannst du, wenn du willst, deine Lebensgeschichte aufschreiben. Beginne mit deinen ersten Erinnerungen und spinne die Geschichte frei weiter, ohne Kritik am Geschriebenen zu üben. Schreibe über alles, das dich deiner Meinung nach zu der Person hat werden lassen, die du heute bist, und auch darüber, wer du gerne wärst. Frage dich vor allem, was dein heutiges Beziehungskonzept beeinflusst hat.

Wenn deine Geschichte fertig ist, nimm einen Rotstift oder Textmarker zur Hand und markiere die Passagen, die deiner Meinung nach umgeschrieben werden sollten – jene Passagen, die dich in deinem Bemühen, eine gute Partnerin und Mutter zu sein, behindern. Auf diese Weise bist du Herrin über deine Geschichte. Dies bedeutet nicht, seine Vergangenheit zu verleugnen oder sich vorzumachen, dass gewisse Dinge niemals geschehen sind (und umgekehrt). Nein, du betrachtest dein Leben heute lediglich vom objektiven Standpunkt einer Erwachsenen aus, die sich dagegen wehrt, dass die Vergangenheit über ihre Gegenwart bestimmt. Du hältst den Stift in den Händen und entscheidest selbst darüber, ob du eine Heldin sein willst.

Das Umschreiben meiner Lebensgeschichte war eine der effektivsten Übungen bei meiner Selbsterfahrung. Wie die Geschichte eines jeden Menschen ist auch meine von Höhen und Tiefen, Gewinnen und Verlusten, Erfolgen und Konflikten geprägt. In meinem Leben gab es einen zentralen Konflikt, der mich über Jahre hinweg beherrschte. Wie eine Schlingpflanze schlug er Wurzeln und grub sich immer tiefer in meine Identität. Ich hatte das Gefühl, in seinem Würgegriff gefangen zu sein und wusste keinen Ausweg. *Dieser Konflikt war zu meiner Geschichte geworden.* Ich kam einfach nicht vom Fleck, ich war verzweifelt und wollte unbedingt etwas ändern.

Die Idee, meine Lebensgeschichte neu schreiben zu können, gefiel mir, und ich probierte es aus. Wie ich bereits gesagt habe, können wir die Vergangenheit nicht ungeschehen machen oder bestimmte Ereignissen nachträglich verändern. Aber wir können entscheiden, unsere Vergangenheit aus einem anderen Blickwinkel zu betrachten.

Nun, da du dir darüber bewusst bist, welchen Einfluss deine Vergangenheit auf dich hat, kannst du, so wie ich, deinen Erfahrungen einen neuen Rahmen verpassen, Altlasten zurücklassen und nach vorne schauen.

Hier habe ich einige Tipps, die dir dabei helfen, die Autorin deiner eigenen Geschichte zu werden.

1. Überdenke deine Lebensgeschichte, so wie ich es in diesem Kapitel beschrieben habe. Beschönige nichts. Sage: »Das ist mir passiert. Es hat mich auf diese Weise geprägt. Jetzt habe ich es selbst in der Hand, mich zu verändern.« Manchmal hilft es, auch schlimmen Erfahrungen irgendetwas Gutes abzugewinnen (»Ich habe es überlebt«, »Es hat mich stärker gemacht«, »Da wusste ich, wie ich nicht sein wollte«).
2. Bringe deine Dankbarkeit zum Ausdruck. Egal, was früher

war, du bist jetzt hier. Du willst besser werden, und das ist ein Zeichen von Stärke. Du lernst Neues und du kannst Veränderungen herbeiführen.

3. Mache dir deine Schuldzuweisungen bewusst. »Ich bin genauso cholerisch wie meine Mutter.« »Mein Vater war unfähig, seine Gefühle zu zeigen, deswegen kann ich es auch nicht.« »Ich kann meinem Partner nicht vertrauen wegen meinem Exfreund/meiner Exfreundin.«
   Wenn wir damit aufhören, anderen die Schuld in die Schuhe zu schieben, können wir die Verantwortung für unser Verhalten übernehmen, uns von der Vergangenheit befreien und nach vorne schauen.

Du hältst den Stift in den Händen und entscheidest selbst darüber, ob du eine Heldin sein willst.

4. Stelle dir vor, was passieren wird, wenn du da stehen bleibst, wo du gerade bist. Male dir ein möglichst genaues Bild davon aus, wie dein Leben in zehn Jahren aussehen wird, wenn du so weitermachst wie bisher. Wie wird die Beziehung mit deinem Kind aussehen? Und die mit deinem Partner? Würden dich Selbstvorwürfe quälen? Und nun stelle dir vor, dass du bereits vor zehn Jahren zu der Person geworden bist, die du gerne wärst. Wie stünde es dann um deine Beziehungen? Diese Übung hat mich stark beeinflusst. Wenn du es schaffst, dir die unterschiedlichen Ausgänge dieser beiden Geschichten lebhaft vorzustellen, kann diese Übung dein ganzes Leben verändern.
5. Nun, da du eine klare Vorstellung hast, wie dein Leben und das deiner Familie aussehen soll, kannst du deine Geschichte selbst in die Hand nehmen und entsprechend umschreiben. In deiner Geschichte bist du stark. In deiner Geschichte bist du kompetent und ein Siegertyp. Solltest du beide Versionen deiner Geschichte zu Papier gebracht haben, zerknülle nun die alte, wirf sie in den Müll oder verbrenne sie, um deine

Befreiung noch intensiver spüren zu können. Deine alte Geschichte hinter dir zu lassen, ist ein notwendiger und mutiger Schritt, um der Mensch, die Partnerin und Mutter zu werden, die du gerne wärst.

6. Lass deine neue Geschichte zu deiner Lebensrealität werden, indem du deine Denkmuster änderst. Wenn du es schaffst, deine Gedanken zu verändern, werden sich auch deine Gefühle ändern, und in der Konsequenz ändern sich auch deine Handlungen. Dies mag simpel klingen, aber sich eine völlig neue Denkweise zu erschließen, bedeutet oft harte Arbeit. Ich werde dir in diesem Kapitel vier Techniken erläutern, die dir dabei helfen sollen.

Was meine eigene Geschichte anbelangt, war ich ehrlich zu mir und machte mir klar, was mein innerer Konflikt mir und meinen Beziehungen abverlangte. Irgendwann begann ich mich zu erinnern, wie mein Leben vor diesem Konflikt ausgesehen hatte. Ich war so sehr in diesen Konflikt verstrickt, dass ich den Kontakt zu mir selbst verloren hatte. Ich erkannte, dass dieses Problem nicht das war, was mich ausmachte, sondern nur etwas, das ich erlebt habe – eine *Erfahrung*, nicht meine *Existenz*. Es handelte sich dabei nicht um etwas, das meine ganze Identität prägt, sondern nur um etwas, das mir passiert ist.

Kannst du das nachempfinden? Hast auch du erlebt, dass eine Erfahrung deine ganze Existenz dominierte?

Als ich meine Geschichte neu schrieb, beschloss ich, dass es nicht bei einem Versuch bleiben sollte. Also schrieb ich darüber, wie ich es schaffte, mich von meinen seit Jahren existierenden Altlasten zu befreien, obwohl dies zum damaligen Zeitpunkt noch gar nicht der Fall war. Ich schrieb das Folgekapitel und noch ein weiteres mit meinen Zukunftsvisionen.

Diese einfache Übung ermöglichte mir eine neue Sichtweise auf meine Erfahrung und half mir dabei, zu erkennen, dass es auch für mich eine bessere Zukunft geben konnte. Ich musste nur danach greifen. Manchmal können wir nicht aufhören, das Kapitel, in dem wir uns gerade befinden, immer und immer wieder zu lesen und hindern uns auf diese Weise daran, voranzukommen. Dieser Konflikt ist Teil meiner Geschichte, macht aber längst nicht meine ganze Geschichte aus. Ich fuhr damit fort, meine Vergangenheit zu überwinden, so wie ich es in meiner Geschichte prophezeit hatte. Sei gewiss, dass ich fest daran glaube, dass auch du es schaffen kannst.

Bitte beachte: Sollte diese Übung bei dir eine starke emotionale Reaktion hervorrufen, solltest du sie unter Aufsicht eines Therapeuten durchführen. Wenn du in deiner Kindheit Opfer von Missbrauch geworden bist oder ein anderes Trauma erlitten hast, hole dir bitte professionelle Hilfe.

Ändere deine Denkmuster

Früher schwirrten Tag für Tag jede Menge negative Gedanken in meinem Kopf herum. Es war, als hätte ich gleich morgens nach einer viel zu kurzen Nacht eine CD eingelegt und die Wiederholungstaste gedrückt. *Na toll. Schon wieder Morgen. Ich kann das alles heute nicht schon wieder machen. Ich bin noch völlig erledigt von gestern. Wann bekomme ich eine Pause?* Diese Gedanken verdarben mir bereits meinen Start in den Tag, und meist wurde es danach nur noch schlimmer. Ich dachte negativ über meine Fähigkeiten als Mutter, über meinen Schlafmangel, ja sogar über meine negativen Gedanken!

Unsere Gedanken haben großen Einfluss auf unser Auftreten und auf die Art und Weise, wie wir unsere Mitmenschen behandeln. Tag für Tag ließ ich diese vergifteten Gedanken zu, sie schliffen sich immer tiefer in mein Gehirn ein, was dazu führte, dass meine Denkgewohnheiten mir und meiner Familie das Leben zur Hölle machten. Es war eines der schwierigsten

Unterfangen meines Lebens. Doch ich wusste, dass ich meine Denkgewohnheiten ändern musste, wenn ich mein Bestes für meine Familie geben wollte. Gefangen in meiner negativen Gedankenwelt fühlte ich mich erschöpft, reizbar und enttäuscht. Ich wollte meinen Kindern eine glückliche Mutter sein, doch wie sollte das gehen, wo sich doch Tag für Tag dieser giftige Monolog in meinem Kopf abspulte? Ich war fest entschlossen, aus diesem negativen Dauerzustand auszubrechen und begann mit Nachforschungen.

Wissenschaftliche Studien zeigten, dass wir aktiv Einfluss auf die Vernetzung in unserem Gehirn nehmen können. So entstehen neue neuronale Verknüpfungen, die bereits existierende außer Kraft setzen. Um ein neues neuronales Netz entstehen zu lassen, müssen wir ausgetretene Pfade verlassen und unsere Denkweise verändern.[8]

Für alle, die sich, wie ich, von alten Denkgewohnheiten verabschieden müssen, sind das tolle Neuigkeiten. Kommen dir folgende Sätze bekannt vor?

- Darin bin ich ganz schlecht.
- Keiner schätzt mich.
- Elternsein ist wirklich hart.
- Sie ist so ein weinerliches Kind. Ich habe es so satt, dass sie wegen jeder Kleinigkeit losheult.
- Er wird niemals sauber werden. Warum kriegt er das nicht hin?

Diese negativen Glaubenssätze machen dir nicht nur das Leben schwer, sondern haben auch unerwünschte Auswirkungen auf Botenstoffe in deinem Gehirn, die negative Emotionen generieren. Diese Emotionen wiederum beeinflussen unser Verhalten und führen dazu, dass wir die Menschen, um die unsere Gedanken kreisen, schlecht behandeln: unsere Kinder, Partner und uns selbst.

Bist du generell ein positiv denkender Mensch? Wenn ja, ist das wunderbar! Wenn nicht, ist das auch in Ordnung, da du dich in einen positiv denkenden Menschen verwandeln kannst. Brauchst du einen Motivationsschub? Das, was dir durch den Kopf geht, kommt in der Regel aus deinem Mund. Und was aus deinem Mund kommt, gelangt für gewöhnlich in kleine Ohren. Was in kleine Ohren kommt, geht durch kleine Köpfe und kommt wieder aus kleinen Mündern heraus.

Wenn wir unsere Kinder zu positiven Denkern erziehen wollen, müssen wir zunächst lernen, selbst positiv zu denken. Wir müssen fest entschlossen sein, das Ruder über unsere Geschichte, Gedanken, Gefühle und unser Verhalten zu übernehmen. So können wir unser Potenzial als Menschen und Eltern voll ausschöpfen. Seine eigenen Gedanken bewusst zu steuern, erfordert ein hohes Maß an Willensstärke und ist Zeichen großer Reife. Es ist der Schlüssel für ein glücklicheres Leben und eine verbundene Familie. Bleibt die Frage: Wie werden wir zu positiven Denkern?

Wenn wir unsere Kinder zu positiven Denkern erziehen wollen, müssen wir zunächst lernen, selbst positiv zu denken.

Im Laufe der letzten Jahre habe ich viel Zeit damit zugebracht, die Auswirkungen positiven und negativen Denkens zu erforschen und zu fragen, wie sich Denkmuster langfristig verändern lassen. Dies sind meine Erkenntnisse:

Stelle dir Nervenbahnen als Gräben vor. Jedes Mal, wenn wir ein Denkmuster bemühen oder ihm unser Interesse schenken, wird der Graben noch tiefer. Negative Denkmuster, denen du seit Jahren deine Aufmerksamkeit schenkst (»Ich bin ein furchtbarer Tollpatsch«, »Mein Kind ist so schwierig« etc.) haben sich als tiefer, breiter Graben (Nervenbahn) in dein Gehirn gegraben. Da unser Gehirn dazu tendiert, Denkmuster, die starke Nervenbahnen haben, zu wiederholen, kommt es zu einem sich immer schneller drehenden Teufelskreis. Du hast negative Gedanken, der Graben wird tiefer, dein Gehirn greift diese Gedanken ganz automatisch wieder auf, lässt die Gedanken wieder durch diesen Graben fließen, wodurch dieser noch tiefer wird. Es dauert seine Zeit, bis sich neue Nervenbahnen gebildet haben. Die vier folgenden Schritte führen dich zum Erfolg.

In vier Schritten dein Denken verändern

Finde heraus, welche deine vorherrschenden Denkmuster sind. Dies gilt für jeden Lebensbereich, doch hier konzentrieren wir uns besonders auf Gedanken, die mit deiner Rolle als Mutter und deiner Familie verknüpft sind. Betrachte besonders aufmerksam, was du über dein Kind, sein Verhalten, deinen Partner, deine Partnerschaft und dich selbst als Mutter denkst.

1. Notiere dir die negativen Gedanken, die am häufigsten auftauchen und betrachte sie kritisch. Korrigiere diese Gedanken. Wenn du zum Beispiel oft denkst, *Ständig bekommt dieses Kind Wutanfälle!,* unterziehe diesen Gedanken einer kritischen Betrachtung. Denke, *STOPP! Stimmt das? Hat es wirklich ständig Wutanfälle?* Dann versuche den Gedanken zu berichtigen und ihn durch einen anderen (mitfühlenderen) zu ersetzen: *Mein Kind hat es nicht leicht, wenn es von seinen Gefühlen übermannt wird, und braucht meine Hilfe.*
2. Versuche bei *jedem* negativen Gedanken, noch während du ihn denkst, innezuhalten, und stattdessen den neuen, verbesserten Gedanken zu denken. Je öfter du den Korrektivgedanken denkst, desto stärker wird seine Nervenbahn, und irgendwann wird dir der Korrektivgedanken automatisch in den Sinn kommen.
3. Teilt die Verantwortung untereinander auf. Da ihr diesen

Prozess als Paar durchlauft, seht euch auch beide in der Verantwortung. Frage deinen Partner: »Wie geht es dir heute mit deinen Gedanken?« »Woran hast du heute zu knabbern?« »Kann ich dir helfen?« Mache Hilfsangebote und nimm sie im Gegenzug auch an.

4. Versuche, während dieser Entwicklung nicht so streng mit dir selbst zu sein. Mache dir bewusst, dass du gerade einen großen Schritt machst, um glücklicher zu werden und eine glücklichere Familie zu haben. Dafür darfst du dir gerne selbst auf die Schulter klopfen. Mache dir bewusst, dass es seine Zeit brauchen und gute und schlechte Tage geben wird. Mache einfach weiter, hole dir Unterstützung bei deinem Partner, übernimm Verantwortung und dokumentiere in einem Tagebuch deine Fortschritte. Feiere deine Siege. Solltest du am Ende des Tages feststellen, dass ein typischer negativer Gedanke überhaupt nicht aufgetaucht ist, erzähle es deinem Partner und notiere diesen Meilenstein in deinem Tagebuch. Das sind tolle Neuigkeiten! Die Errichtung neuer Nervenbahnen ist bereits in vollem Gange.

Du hast an dir gearbeitet und schon Erstaunliches erreicht. Zum Wohle deiner Familie kann ich dir nur wärmstens empfehlen, diese Schritte zu wagen. Dein Partner und du habt einen Blick auf eure Vergangenheit geworfen und euch bewusst gemacht, wie bereits Geschehenes euch zu den Personen hat werden lassen, die ihr heute seid. Ihr habt euch einige schwierige Fragen gestellt, eure Lebensgeschichten neu geschrieben und arbeitet hart daran, neue neuronale Verknüpfungen in euren Gehirnen entstehen zu lassen.

Ihr habt im Zuge eurer Persönlichkeitsentwicklung noch zwei knifflige Aufgaben zu meistern, bevor ihr euch zu einem unschlagbaren Team zusammentut. Zum einen wird es darum gehen, eure Selbstdisziplin zu verbessern, damit ihr euren Kindern Disziplin beibringen könnt. Zum anderen werden wir herausfinden, wo eure Trigger liegen und diese deaktivieren. Bisher habt ihr eure Wahrnehmung und Gedanken verändert. Nun nehmen wir uns euer Handeln vor.

Diszipliniere dich erst selbst

Es gab eine Phase in meinem Leben, in der ich mit meiner Rolle als Mutter sehr zu kämpfen hatte. Ich musste mir selbst eingestehen, dass der Fehler ausschließlich bei mir zu suchen war, da meine Kinder nur das übernahmen, was ich ihnen vormachte. Häufig riss mir der Geduldsfaden, mein Ton war barsch, und all das spiegelte sich im Verhalten meiner Söhne wider.

Ich kann mich noch gut an diese schwierige Zeit erinnern, als meine Kinder vier und zwei Jahre alt waren. Das harmonische Zuhause, das ich mir geschaffen hatte, fiel vor meinen Augen auseinander. Mein Ältester war frech und großmäulig, mein Jüngster schlug und war insgesamt aggressiv. Ich fühlte mich wie eine komplette Versagerin, und ich konnte einfach nicht verstehen, warum sich meine Kinder so schlecht benahmen.

Eines Abends, als ich sie endlich im Bett hatte, saß ich da, starrte auf das süße, engelhafte Gesichtchen meines Zweijährigen (derjenige, der kurz zuvor noch seinen Bruder gebissen hatte) und hatte eine Erleuchtung. Ich war ganz schön gestresst. Ich war ängstlich, übernächtig und hatte es völlig vermasselt. Mir wurde klar, dass ich nicht die Mutter war, die ich gerne sein wollte. Ich war unbeherrscht geworden. Ich führte mechanisch die Übungen von *Positive Parenting* aus, nahm meinen bissigen Zweijährigen in Time-ins, statt ihn zu bestrafen, arbeitete an Problemlösungskonzepten und an der Kommunikation mit meinem vorlauten Vierjährigen (diese Techniken werden wir uns später noch genauer anschauen), aber in Wahrheit hatte ich meine eigenen Gefühle, mein eigenes Verhalten, nicht unter Kontrolle. Um ehrlich zu sein, war ich selbst beleidigend und aggressiv. Natürlich habe ich niemanden gebissen, doch ich hatte einen aggressiven Ton, war schnell reizbar und völlig erschöpft.

Aha! Nicht meine Kinder waren also trotzig. *Sie waren einfach nur so wie ich.* In jener Nacht nahm ich mir vor, etwas zu ändern. Ich wollte auf meinen Ton achten, respektvoll mit ihnen reden, meine Launen im Zaum halten und mich so verhalten, wie ich es auch von meinen Kindern erwartete.

Binnen kürzester Zeit verbesserte sich die Situation. Wir spielten mehr und waren inniger miteinander. Rate mal, was passiert ist, als ich anfing, auf meinen Tonfall zu achten und respektvoll mit meinen Kinder zu sprechen? Auch meine Kinder begannen auf ihren Tonfall zu achten und respektvoll mit mir zu reden. Es zog wieder Friede in unser Zuhause ein, nicht etwa, weil ich von meinen Kindern verlangte, dass sie ihr Verhalten änderten, sondern weil ich *mein* Verhalten geändert hatte.

Auf diesem Weg gelangte ich zu dieser auf den ersten Blick vielleicht etwas unorthodoxen Erkenntnis: Wenn ich von meinen Kindern erwarte, freundlich, sanft, mitfühlend und respektvoll zu sein, muss ich selbst freundlich, sanft, mitfühlend und respektvoll sein. Kinder hören nicht auf die Anweisungen von Heuchlern. Es ist unser eigenes Handeln, mit dem wir das unserer Kinder steuern, und nicht mit Vorträgen oder Bestrafung. Mit Worten erreichen wir nur ihre Ohren, mit Taten hingegen ihre Herzen. Du kannst noch so viele Erziehungsratgeber wälzen und sie bis ins kleinste Detail anwenden, doch solange du nicht auf dein eigenes Verhalten achtest, kannst du es im Gegenzug auch nicht von deinem Nachwuchs verlangen.

Du musst zunächst an deiner eigenen Disziplin arbeiten, bevor du anfängst, deine Kinder zu mehr Disziplin zu erziehen.

Du musst zunächst an deiner eigenen Disziplin arbeiten, bevor du anfängst, deine Kinder zu mehr Disziplin zu erziehen.

Gerade für diejenigen unter uns, die noch den traditionellen Leitsatz »Tue, was ich dir sage!« im Kopf haben, mag dieser Ansatz ungewöhnlich erscheinen. Doch wenn du erst einmal erkannt hast, wie viel Einfluss dein Vorbild hat, wirst du einsehen, dass du dich nicht länger schlecht benehmen und deine Kinder dafür bestrafen kannst, es dir gleichzutun. Dies kann bedeuten, dass du negative Verhaltensmuster aufgeben musst, wie etwa aus Frustration herumzubrüllen oder aus Wut handgreiflich zu werden. Dies gilt für alle Angewohnheiten, die deine Kinder nicht übernehmen sollen.

In Wahrheit müssen wir die Menschen sein, die unsere Kinder werden sollen, und dafür ist es notwendig, dass wir uns emotional weiterentwickeln. Viele von uns stecken noch in ihrer Kindheit fest, weil sie es nie gelernt haben, mit ihren Gefühlen umzugehen. Oft haben wir sie aus Angst vor Bestrafung weggedrückt oder an Schwächeren ausgelassen. Doch wenn wir es jetzt nicht lernen, unsere Gefühle zu kontrollieren, werden wir nicht in der Lage sein, es unseren Kindern beizubringen. Sie werden unter unserer Härte leiden, und das haben sie nicht verdient. Dieses verhängnisvolle Verhalten kann sich über Generationen fortsetzen, bis jemand den Mut hat, Stellung zu beziehen. Sei du dieser Jemand, damit deine Kinder nicht unter deiner emotionalen Instabilität zu leiden haben.

Erkenne deine Trigger

Im Laufe deines Lebens haben sich bei dir emotionale Trigger etabliert. Das ist in Ordnung. Dies geschieht bei uns allen. Es handelt sich dabei um Überlebensreaktionen, die sich schon vor langer Zeit in unseren Gehirnen festgesetzt haben. Dabei müssen wir eine wichtige Unterscheidung machen: Trigger sind eine Erklärung für unsere emotionalen Ausbrüche und Entgleisungen, aber keine Entschuldigung. Es ist Zeit, die Verantwortung dafür zu übernehmen. Ansonsten wird deine Familie vielleicht krampfhaft versuchen, deine Trigger zu umschiffen, was eine große Last bedeutet.

Vielleicht hast du noch gar nicht realisiert, was dich in deiner Rolle als Mutter triggert. Vielleicht ist dein Kind noch gar nicht auf der Welt. Dein Kind kann von Glück reden, dass du dich bereits jetzt mit Informationen versorgst und dann, wenn der Sturm losbricht – und er wird losbrechen – gewappnet bist. Du hast sicher schon davon gehört, dass Kinder bei einem gewisse »Hebel in Bewegung setzen« können. Entscheidend ist, dass es *deine Hebel* sind – deine Verantwortung.

Machen wir uns daran, deine Trigger zu identifizieren. Rufe dir eine Situation in Erinnerung, in der du sehr negative Gefühle für dein Kind hattest. Versuche zu erkennen, was deinen Stimmungsumschwung ausgelöst hat. Trigger sind eine sehr spezielle Angelegenheit, und es kann etwas Zeit brauchen, um sie eindeutig benennen zu können. Prügelnde Kinder etwa sind kein Trigger. Es handelt sich dabei nur um die Umstände. Entscheidend ist, was in deiner Psyche und in deinem Körper passiert, wenn unter deinen Kindern eine lautstarke Prügelei ausbricht. Lass uns das Szenario raufender Kinder gemeinsam entschlüsseln und den Trigger, in diesem Fall Respektlosigkeit, herausarbeiten:

Wenn meine Kinder sich prügeln, nehme ich Respektlosigkeit wahr. Respektlosigkeit ruft unangenehme Gefühle bei mir hervor. Ich fühle, wie sich Nervosität in meiner Magengrube breitmacht und merke, wie ich immer aufgewühlter werde. Warum löst Respektlosigkeit derartige Gefühle bei mir aus? Was hat man mir als Kind über Respektlosigkeit beigebracht? Was passierte, wenn meine Eltern fanden, dass ich mich respektlos verhielt? Wenn meine Eltern fanden, dass ich mich respektlos verhielt, schlugen sie mich. Daher verhalten sich meine Kinder in meiner Wahrnehmung respektlos, wenn sie sich schlagen, wobei Respektlosigkeit für mich etwas ist, das bestraft werden muss. Jetzt erkennen ich, warum bei mir die Alarmglocken klingeln und sich die Angst, die ich als Kind verspürt habe, wieder ihren Weg an die Oberfläche bahnt. Mein Gehirn signalisiert mir, dass ich meinen Kindern sofort Einhalt gewähren muss, da diese Gefühle unerträglich für mich sind. Nach Drücken des Alarmknopfes wird mein Körper von Stresshormonen durchflutet, die mich noch mehr in Aufruhr versetzen. Ich fühle mich stark und aggressiv und habe das Gefühl, dass mein Körper zum Bersten gespannt ist. Ich muss mich von diesem schrecklichen Druck befreien und fange an, herumzubrüllen.

Mache dir klar, dass die Rauferei deiner Kinder nur wenig mit deiner Reaktion zu tun hat. Es sind die Umstände, die diese Kettenreaktion auslösen. Aber bei dir brennen die Sicherungen durch. Nun musst du lernen, die Sicherungen auszuschalten, *bevor es knallt*.

Zwischen jeder Aktion und Reaktion besteht ein Intervall. Wenn du diesen Zeitraum nutzt und bewusst verlängerst, kannst du diesen Moment des »Durchatmens« dazu nutzen, die Sicherungen herauszudrehen. Es gibt eine Unmenge von Techniken und Methoden zur Selbstberuhigung, doch um eine Entspannungstechnik anwenden zu können, musst du zunächst dieses kleine Zeitfenster wahrnehmen.

Achtsamkeit wird dir dabei helfen, das Zeitfenster zu nutzen und Mitgefühl deaktiviert die Sicherung. Nimm wahr, was in deinem Körper und in deiner Seele vor sich geht, wenn die negativen Gefühle auftauchen. Atme tief durch, lege deine Hand auf deine Stirn oder auf dein Herz und sage ein paar Mal hintereinander: »Hier habe ich die Wahl.« Nun hast du dir bewusst gemacht, dass du selbst darüber entscheidest, ob du deine Sicherung durchbrennen lässt abschaltest.

Lass Mitgefühl zu. »Wir sind o.k.; dies ist kein Notfall.« »Ich bin ganz ruhig und in der Lage, damit fertigzuwerden.« »Mein Kind braucht jetzt meine Hilfe.« Diese Maßnahme mag banal wirken, ist aber äußerst effektiv, wenn du sie immer dann machst, wenn du getriggert wirst. Die mitfühlenden Gedanken signalisieren deinem Gehirn, sich zu beruhigen. Ist dies geschehen, kannst du eine der folgenden Techniken anwenden, um noch mehr zur Ruhe zu kommen und auf dein Kind überlegt und konstruktiv zu reagieren.

Beruhigungstechniken

- Atme ein und zähle dabei bis vier. Halte den Atem an und zähle dabei bis sieben. Atme aus und zähle bis acht. Wiederhole diese Übung vier Mal.
- Sei aktiv. Mache Hampelmann-Sprünge oder Liegestützen. Laufe in deinem Wohnzimmer herum.
- Wiederhole ein Mantra, wie zum Beispiel: »Ich bin eine friedliche Person«.
- Notiere dir etwas, wofür du dankbar bist. Dein Gehirn kann sich nicht gleichzeitig auf positive und negative Reize fokussieren. Durch die bewusste Konzentration auf einen positiven, verdrängst du den negativen.
- Wende EFT (emotional freedom techniques) an, eine Akupressurtechnik aus dem Bereich der »energetischen Psychologie«. Im Internet findest du zahlreiche Anleitungen. Versuche es zunächst damit: Verlängere bewusst den Zeitraum zwischen Aktion und Reaktion, indem du mit dem Daumen auf deine Handgelenkfalte auf Höhe des kleinen Fingers drückst. Dieser Akupressurgriff löst Spannungen.
- Betrachte ein Babyfoto deines Kindes. Bei einem erbitterten

Machtkampf mit deinem Temperamentbündel hilft dir ein Foto, dich an deine Liebe und Zärtlichkeit für dein Kind zu erinnern.
- Rufe einen Menschen (deinen Partner oder eine Freundin) an, der sich die Verantwortung mit dir teilt.
- Schnappe frische Luft. Gehe nach draußen und mache, wenn möglich, einen kleinen Spaziergang.
- Schließe die Augen und stelle dir vor, in einer friedlichen Umgebung oder an deinem Lieblingsort zu sein.
- Nimm dieses Buch zur Hand und lies ein paar Seiten.

Vielleicht denkst du jetzt: *Warum soll ich das alles machen, wenn es doch mein Kind ist, das einen Wutanfall hat, oder das sich mal wieder weigert, seine Schuhe anzuziehen, obwohl wir jetzt nach Draußen gehen wollen?* Diese Übung dauert oft weniger als zwei Minuten und glaube mir: Diese Zeit in eine Entspannungsübung zu investieren, ist weitaus besser, als zwei Minuten lang herumzubrüllen und alles nur noch schlimmer zu machen. Außerdem lernt dein Kind an deinem Vorbild eine wichtige Fähigkeit: Selbstregulation. Dies ist ein großer Meilenstein auf deinem Weg zu *Positive Parenting*. Die Versuchung ist groß, diesen Schritt einfach unter den Tisch fallen zu lassen, aber an dieser Stelle möchte ich nochmals betonen, dass dir das Wissen, wie du deinem Kind positive Disziplin beibringst, nichts bringt, solange du nicht in der Lage bist, dich selbst zu disziplinieren. Dein Kind wird deine Ratschläge nur dann annehmen, wenn du das, was du predigst, auch selbst beherzigst. Die Arbeit, die du jetzt investierst, wird sich auszahlen, da du deinem Kind mit gutem Beispiel vorangehen kannst. Darüber hinaus kannst du deine neu erlernten Fähigkeiten auf alle deine zwischenmenschlichen Beziehungen anwenden.

Diskussionspunkte

- Hattest du als Kind das Gefühl, dass das, was du zu sagen hattest, wichtig war? Hattest du den Eindruck, dass deine Gefühle und Ideen ernst genommen wurden?
- Wie haben deine Eltern reagiert, wenn du starke Gefühle gezeigt hast, wie etwa Angst, Frustration oder Wut? Wurdest du getröstet oder bestraft?
- Wie war die Beziehung deiner Eltern? In welcher Weise hat sie deine Sichtweise auf die Ehe und Beziehungen beeinflusst?
- Welche negativen Gedanken kreisen ständig in deinem Kopf? Wie fühlst du dich dabei? Entsprechen diese Gedanken der Wahrheit?
- Durch welche Korrektivgedanken kannst du diese wiederkehrenden, negativen Gedanken ersetzen?
- Welche deiner Verhaltensweisen sollte dein Kind deiner Meinung nach nicht übernehmen?
- Mit welchen Verhaltensweisen deines Kindes hast du zu kämpfen, die es sich von dir abgeschaut hat? Hast du dein Kind schon einmal dafür bestraft, dass es sich so verhält wie du? Findest du das fair?
- Wie wirst du den Zeitraum zwischen Emotion und Reaktion nutzen? Liste mindestens zwei Maßnahmen auf.

Sprich nach der Beantwortung dieser Fragen mit deinem Partner oder einer engen Freundin darüber. Diese Unterhaltungen werden dich und deinen Partner noch enger zusammenschweißen, und das ist auch gut so. Ihr beide habt sehr viel Neues über euch gelernt und seid jetzt bereit dafür, ein Team zu bilden. Ihr werdet euren Kindern achtsame Eltern sein, für die sie ein Leben lang dankbar sein werden.

Praktische Anwendung

Es erfordert ein hohes Maß an Engagement, die Ratschläge in diesem Kapitel umzusetzen. Doch es wird sich bezahlt machen. Die folgende Kurzfassung wird dir helfen, der Theorie Taten folgen zu lassen.

Deine Lebensgeschichte

- Lass deine Lebensgeschichte Revue passieren. Sei ehrlich und denke darüber nach, wie dich deine Vergangenheit beeinflusst hat.
- Sei dankbar. Egal, was passiert ist, du bist jetzt hier. Du bist stark und kannst positive Veränderungen bewirken.
- Mache dir deine Schuldzuweisungen bewusst. Machst du deine Mutter für deine Wut verantwortlich oder deinen Ex für deine Probleme, anderen zu vertrauen? Übernimm Verantwortung für dein Verhalten und mache nicht andere dafür verantwortlich. Nur dann bist du offen für Veränderungen.
- Stelle dir vor, was mit dir und deinen Beziehungen passieren wird, wenn du so weitermachst wie bisher.
- Schreibe deine Geschichte um. Rücke die Dinge in ein positives Licht, wenn möglich. Sei die Heldin in deinem Leben.
- Male dir eine strahlende Zukunft aus. Stelle dir vor, alle deine Lebensziele erreicht zu haben. Schreibe auf, was du bereits geschafft hast und wie es sich anfühlt, sich einen Lebenstraum erfüllt zu haben.

Ändere deine Denkmuster

- Ermittle deine vorherrschenden Denkmuster. Schenke dabei negativen Gedanken über deine Kinder und deinen Partner besondere Beachtung.

- Teilt euch die Verantwortung. Es ist hilfreich, einen Gesprächspartner zu haben, mit dem du deine Erfolge teilen kannst. Im Idealfall zieht ihr beide am gleichen Strang und fühlt euch füreinander verantwortlich.
- Notiere dir deine vorherrschenden negativen Gedanken und unterziehe sie einem kritischen Blick. Korrigiere anschließend diese Gedanken. Beispiel: (Negativer Gedanke) *Ich kann einfach nicht glauben, dass er seine Schwester geschlagen hat. Er ist so gemein. Was habe ich bei ihm nur falsch gemacht?* (Unterbrechung) *Stopp. Das ist nicht hilfreich.* (Kritik) *Er ist kein gemeiner Mensch. Vorhin hat er mir einen kleinen Blumenstrauß geschenkt.*
- Versuche *jeden* negativen Gedanken zu unterbrechen, noch während du ihn denkst und stattdessen den Korrektivgedanken zu denken. Je öfter du den Korrektivgedanken wiederholst, desto stärker wird seine neuronale Verbindung. Irgendwann wirst du automatisch den Korrektivgedanken denken. *Er entwickelt sich völlig normal und braucht jetzt meine Hilfe, um mit seinen Gefühlen zurechtzukommen.*

Arbeite an deiner Selbstdisziplin

- Halte Gefühlsausbrüche und Situationen, in denen du dich unkontrolliert verhalten hast, in einem Tagebuch fest. Das Protokollieren wird dir dabei helfen, die wichtigsten Trigger zu identifizieren.
- Beginne, das Zeitfenster zwischen Aktion und Reaktion zu nutzen. Platziere deine Hand auf deinem Herzen oder drücke dein »drittes Auge«, einen Akupressurpunkt, der oberhalb deines Nasenrückens zwischen den Augenbrauen liegt. Nimm ein paar tiefe Atemzüge. Finde ein Mantra, z. B. »Das ist kein Notfall« oder »Ich bin ruhig und kann damit fertigwerden« und wiederhole es einige Male, während du tief durchatmest.

3

Wir halten zusammen

Du und dein Partner habt in Kapitel 2 hoffentlich viel über euch gelernt. Das ist gut, denn Voraussetzung für eine starke Partnerschaft ist eine starke Persönlichkeit. Nun ist es an der Zeit, eure Streitpunkte auszumachen und einzuordnen.

Nach landläufiger Meinung sollten Konflikte in einer Ehe oder Beziehung möglichst schnell wieder vom Tisch sein, aber das muss nicht immer stimmen. Eure Differenzen können sogar eine wichtige Funktion erfüllen und euch dabei helfen, mehr übereinander zu erfahren und euch weiterzuentwickeln. Daher ist es nicht das Ziel, Differenzen zu beseitigen, sondern eure unterschiedlichen Sichtweisen anzunähern und zu einen. John Gottman, Gründer des Gottman Institute und Verfasser zahlreicher Bücher über Liebe, Ehe und Beziehungen sagt: »[…] ich glaube, dass wir in unseren Beziehungen wachsen, wenn wir gut mit unseren Differenzen umgehen. So werden wir mehr zu wahrhaftig liebenden Menschen und kommen wirklich in den Genuss der Vorteile einer Ehe.«[9]

Viele Paare, die den emotionalen Draht zueinander verloren haben, bleiben ihren Kommunikationsmustern verhaftet und schaffen es nicht, die notwendigen Schritte zu tun, um eine glückliche, gesunde Beziehung zu führen. Dabei leuchtet es ein, dass Elternpaare erst ihre eigenen Differenzen in Einklang bringen müssen, bevor eine verbundene Familie entstehen kann. Die emotionale Entfremdung der Eltern wirkt sich auf ihre Kinder aus und beeinflusst das Bild, das sie sich von

Beziehungen machen. In diesem Kapitel lernt ihr, wie ihr mit eurer Beziehung euren Kindern mit gutem Beispiel vorangeht. Ein schöneres Geschenk könnt ihr ihnen nicht machen!

Wenn zwei Menschen aus zwei verschiedenen Familien sich zusammentun, um eine neue Familie zu gründen, geschieht dies selten reibungslos. Jetzt befassen wir uns damit, auf welche Art und Weise euch eure Erziehung und euer Zuhause, die sehr unterschiedlich sein können, geprägt haben. Wahrscheinlich habt ihr über Kindererziehung und die Elternrolle abweichende Ansichten. In der Regel sprechen Paare nicht über diese Themen, bevor sie selbst Kinder haben. Spätestens wenn das Kind im Kleinkindalter ist und die unterschiedlichen Auffassungen über Erziehung aufeinanderprallen, kommt es zu Problemen. Vielleicht habt ihr diese Erfahrung bereits gemacht, aber das ist in Ordnung. Die Tatsache, dass ihr dieses Buch gemeinsam durcharbeiten wollt, spricht Bände über eure Beziehung. Ihr werdet eure Differenzen in Einklang bringen und einen Konsens finden, wie ihr eure Kinder erziehen wollt. Ihr werdet lernen, euren jeweiligen individuellen Bedürfnissen gerecht zu werden, um eure Partnerschaft als glücklich und erfüllt zu empfinden.

Gilt einer von euch als der »strenge« und einer als der »nachsichtige« Elternteil? Oftmals reagiert der strenge Elternteil noch strenger, um die vermeintlich übertriebene Nachlässigkeit des anderen Elternteils zu kompensieren, während der nachsichtige Elternteil auf gleiche Weise reagiert und übertrieben nachlässig wird. Ich gehe davon aus, dass einer von euch, oder vielleicht sogar ihr beide *Positive Parenting* als einen nachlässigen, permissiven Erziehungsstil gesehen habt, bevor ihr euch näher mit seiner Philosophie beschäftigt habt. Vielleicht hat dies im Vorfeld zu Spannungen geführt. Nun, da ihr wisst, worum es dabei geht, werden wir eure jeweilige Elternrolle und euren gemeinsamen Erziehungsstil definieren.

Bevor wir damit beginnen, die Karten offen auf den Tisch zu legen, will ich betonen, dass eure Beziehung, euer Umgang mit Konflikten, die Art und Weise, wie ihr miteinander umgeht, eure gegenseitige Zuneigung oder deren Abwesenheit den Ton in eurem Zuhause bestimmen. Während des folgenden Prozesses sollt ihr beide anerkennen und respektieren, woher ihr kommt, und euch gegenseitig unterstützen und ermutigen.

Seid ihr bereit? Ich hätte gerne, dass jeder von euch die Ergänzungen zu den unten stehenden Sätzen auf einem kleinen Zettel notiert. Behaltet eure Antwort für euch und seid ehrlich.

Ich denke, dass mein Partner/meine Partnerin ein guter Vater/eine gute Mutter ist, weil ______________________________

______________________________.

Meine Aufgabe als Vater/Mutter ist es, ______________________________

______________________________.

Nachdem ich dieses Buch bis Kapitel 3 gelesen habe, denke ich, dass *Positive Parenting* Folgendes bedeutet: ______________________________

______________________________.

Meine Eltern waren ______________________________

______________ und ich denke, dass dies ______________

______________________________.

Disziplin bedeutet ______________________________

______________________________.

Am wichtigsten ist mir, dass mein Kind ein ______________

______________________________ Mensch wird.

Dies ist mein Erziehungsziel: ______________________________

______________________________.

Nun legt nacheinander eure Antworten auf den Tisch. Starte mit der positiven Antwort Nr. 1: »Ich denke, dass mein Partner/meine Partnerin ein guter Vater/eine gute Mutter ist, weil ...« und lege deinen Zettel auf den Tisch. Bitte nun deinen Partner, es dir gleichzutun. Diskutiert darüber, was ihr geschrieben habt. Fahrt so mit allen anderen Antworten fort und haltet euch an die chronologische Reihenfolge. Eure Beziehung besteht nicht daraus, Vater und Mutter zu sein. Neben eurer Elternrolle füllt ihr noch zahlreiche weitere Rollen aus und habt dabei tausend Dinge gleichzeitig zu jonglieren. Eure wichtigste Rolle neben eurer Elternrolle ist die als Partner. Erinnert euch daran, wie es war, als ihr noch zu zweit wart – vor der Geburt eures kleinen Wunders (oder eurer kleinen Wunder). Es gab Zeiten, als ihr die Welt füreinander bedeutet habt, Zeiten, in denen ihr nicht mitten in der Nacht Fläschchen gekocht oder eure Kinder zum Schwimmunterricht kutschiert habt. Diese Familie begann mit euch beiden und eurer Liebe füreinander. Diese Liebe lässt sich nur allzu leicht zusammen mit Kekskrümeln und Legosteinchen unter den Teppich kehren, wenn ihr euch nicht ganz bewusst darum bemüht, sie am Leben zu halten.

Wir konzentrieren uns auf die Richtung, die unser Leben einschlagen soll. Die erste überschwängliche Verliebtheit weicht im Laufe der Zeit einem Gefühl der Vertrautheit und irgendwann entdecken wir an unserem Partner Seiten, die wir zuvor nicht gesehen haben. Manche Menschen beginnen nun, sich auf diese »Charakterschwächen« oder »störenden« Eigenschaften zu fokussieren, wobei sie die Faszination vermissen, die einst von ihrem Partner ausging. Sich auf die Schwächen und nervigen Seiten unseres Partners einzuschießen ist eine Entscheidung, die wir bewusst treffen. Die Alternative wäre, seine guten Seiten zu se-

Diese Familie begann mit euch beiden und eurer Liebe füreinander.

hen und sich auf das Licht und die Liebe zu fokussieren, die er in unser Leben bringt.

Nur die Fehler anderer Menschen zu sehen ist, wie ich finde, nicht nur überheblich, sondern macht auch unglücklich und führt zu Unverbundenheit und Entfremdung. Mir selbst mangelt es beileibe nicht an negativen Eigenschaften, doch mein Ehemann sieht zweifelsohne immer das Beste in mir. Erleben zu dürfen, dass er immer an das Gute in mir glaubt, ist eine unheimlich tolle Erfahrung, die ich auch ihm und unseren Kindern schenken möchte.

Bisher haben wir uns damit beschäftigt, eure Erziehungsdifferenzen in Einklang zu bringen, nun geht es darum, die Differenzen in eurer Beziehung zu harmonisieren. Schreibt, so wie vorhin, eure Antworten auf Zettel, legt sie nacheinander auf den Tisch und redet darüber.

Bitte beachtet: Wenn ihr das Gefühl habt, dass eure emotionale Entfremdung schon sehr weit fortgeschritten oder eure Beziehung tiefe Risse hat, holt euch professionellen Rat.

Das liebe ich am meisten an dir: ____________________

____________________.

Meine Aufgabe als Partner/Partnerin/Ehefrau/Ehemann ist es, ____

____________________.

Das brauche ich in unserer Partnerschaft am meisten: __________

____________________.

In 20 Jahren sind wir hoffentlich ____________________

____________________.

Nun listet ihr schriftlich die positiven Eigenschaften eures Partners auf. Schreibt so viele wie möglich auf. Am Ende der Übung lest ihr sie euch gegenseitig vor.

Das verbundene Paar

Ich war 17 Jahre alt, als ich meinen Mann im Kunstunterricht auf der Highschool kennenlernte. Er war gut in Kunst und ich überhaupt nicht. Noch im selben Jahr verliebte er sich in mich. Ich bin eineinhalb Jahre älter als er, was bedeutet, dass ich in dem Jahr, als wir zusammenkamen, meinen Abschluss machte und weitere zwei Jahre warten musste, bis er seinen Abschluss in der Tasche hatte. (In den 1990er-Jahren verflog die Zeit nicht so schnell wie heute. Kann mir irgendjemand erklären, warum das so ist?)

Schließlich hatte auch er die Highschool hinter sich und wir gingen auf das College. Wir waren schon sechs Jahre zusammen, als wir heirateten und in eine Dreizimmerwohnung zogen. Das Geld war knapp, wir hielten uns mit verschiedenen Jobs über Wasser, kämpften mit Examensstress und unserer neuen Rolle als verantwortungsbewusste Erwachsene. Unsere Beziehung stand unter einem guten Stern, aber es war nicht immer leicht. Jahrelang hatten wir völlig unterschiedliche Arbeitszeiten und mussten uns sehr darum bemühen, unsere Beziehung am Leben zu halten. Wir hatten es mit finanziellen und hin und wieder auch mit anderen Problemen zu tun.

Aber wir haben es geschafft und sind inzwischen seit 20 Jahren ein glückliches Paar. Ich habe großes Glück und kann ehrlich behaupten, dass ich meinen Mann heute noch mehr liebe. Er ist derjenige, auf den ich immer zählen kann, der mein Licht sieht und es zurückstrahlt, wenn ich in völliger Dunkelheit tappe. Er ist der Mensch, dem ich uneingeschränkt vertrauen kann. Unsere verbundene Familie gründet auf unserer verbundenen Paarbeziehung. Im Folgenden gebe ich dir 15 einfache Tipps, die mir und meinem Mann im Laufe der letzten 20 Jahre geholfen haben, unsere Paarbindung zu stärken.

1. Fülle emotionale Tanks auf

Jeder Mann, jede Frau, jedes Kind hat einen emotionalen Tank, der regelmäßig gefüllt werden muss. So wie der Motor deines Autos stottert, wenn der Treibstoff ausgeht, läuft auch eine Beziehung nicht rund, wenn ihr Tank sich leert. Ist der Tank völlig leer, droht sie zum Stillstand zu kommen und zu scheitern. Sorge dafür, dass der emotionale Tank deines Partners voll ist:

- Achte auf seine Gefühle. Nimm wahr, wann er glücklich, traurig, besorgt, aufgeregt, frustriert, etc. ist.
- Gib dir Mühe, den emotionalen Tank deines Partners jeden Tag zu füllen. Du kannst dies in Form einer kleinen Aufmunterung oder einer lieben Geste tun. Egal, ob ein paar freundliche Zeilen, eine kleine Rückenmassage oder ein Kompliment – damit stellst du sicher, dass die Tanknadel nie auf »leer« steht.
- Höre zu, wenn er von seinen Träumen, Hoffnungen, Ideen und Wünschen erzählt. Ihr seid ein Team und solltet euch gegenseitig dabei helfen, eure Lebensträume zu erfüllen.

2. Konzentriere dich auf die positiven Seiten

Du hättest gerne, dass er den Abwasch erledigt. Er hätte gerne mehr Sex. Sich darauf zu konzentrieren, was man nicht bekommt, ist ein absoluter Stimmungskiller. Halte dir stattdessen die positiven Eigenschaften deines Partners vor Augen und achte darauf, deine Wertschätzung und Bewunderung auch laut kundzutun. Es ist völlig in Ordnung, konstruktiv über Dinge zu diskutieren, die ihr euch wünscht, sei es nun Entlastung im Haushalt oder mehr Sex. Achte dabei darauf, höflich und ehrlich zu sein und friss deinen Frust nicht in dich hinein. Einigt euch und macht damit weiter, euch zu bewundern. Es ist wie ein allgemeingültiges Gesetz. Konzentriere dich auf das Gute.

Wenn Du das Gute in deinem Partner siehst, weckst du das Gute in ihm und auch in dir selbst. Jeder von uns braucht mindestens einen Menschen, der das Gute in uns sieht und Gutes von uns denkt. Positive Eltern sind diese Menschen für ihre Kinder und in einer verbundenen Familie übernehmen die Eltern diese Rolle jeweils füreinander. Schaue ganz bewusst auf die guten Seiten deines Partners. Vielleicht notierst du sie dir und erinnerst dich auf diese Weise jeden Tag daran. Wenn du lange Zeit eher die schlechten Seiten gesehen hast, ist dies besonders hilfreich. Schlage nochmals Kapitel 2 auf und rufe dir in Erinnerung, wie du deine Denkgewohnheiten und damit auch die negativen Gedanken über deinen Partner aufgeben kannst. Die positiven Seiten deines Partners zu sehen, ist super, aber du musst es ihm auch sagen. Nutze die Macht der Worte, um deine Liebsten aufzubauen.

3. Streitet konstruktiv

Konflikte lassen sich nicht vermeiden, aber verbundene Paare halten sich an ein paar Grundregeln.

- Wenn ihr euch im Moment zu verletzt fühlt, um fair streiten zu können, einigt euch auf eine Auszeit und sprecht später über das Problem.
- Verwende nie dein Wissen um die wunden Punkte deines Partners, um ihn oder sie zu verletzen.
- Halte deine Gefühle im Zaum und sprich darüber, ohne Schuldzuweisungen zu machen.
- Suche bei einer Meinungsverschiedenheit nach Gemeinsamkeiten, um zu einer Lösung zu kommen, anstatt auf deiner Meinung zu beharren.
- Versuche, deinen Partner nicht zu kritisieren oder anzugreifen, wenn du ein Problem hast. Dies gilt auch für die Eltern-Kind-Beziehung. Bringe deine Gefühle in Form einer positiv

formulierten Bitte zum Ausdruck. Verwende »Ich«-Botschaften nicht »Du«-Botschaften. Sage zum Beispiel: »Mir fällt gerade ein wenig die Decke auf den Kopf. Vielleicht können wir die Kinder abgeben und danach ausgehen«, anstatt, »Dir liegt überhaupt nichts mehr daran, mit mir auszugehen!«.
- Höre nicht nur zu, um zu antworten, sondern auch um zu verstehen. Versuche, die Argumente deines Partners wirklich zu verstehen und nicht nur, deine Meinung vorzubringen.
- Gewalt ist keine Option. Werdet nie gewalttätig, weder in Worten, noch in Taten.

4. Behandelt euch respektvoll

Sorgt untereinander für ein ausgeglichenes Machtverhältnis, auch beim Treffen von Entscheidungen. Begegnet euch auf Augenhöhe und schätzt den Menschen an eurer Seite. Gegenseitiger Respekt ist einer der Grundpfeiler einer verbundenen Beziehung. Eine respektvolle Beziehung bedeutet nicht nur das Unterlassen negativen Handelns (Meiden, Ignorieren, Beleidigen), sondern das Bemühen um positives Handeln (Höflichkeit, Rücksichtnahme, Aufmerksamkeit). Respektvolle Partner lernen es, Differenzen nicht nur zu akzeptieren, sondern auch zu schätzen.

5. Lasst euch Freiräume

Verbundene Paare müssen nicht die ganze Zeit aufeinandersitzen, um sich ihre Verbundenheit zu beweisen. Es ist für euch beide gut, eigene Hobbys und Interessen zu haben, solange sie nicht der Familie abträglich sind. Zwar sind auch gemeinsame Hobbys und Interessen beziehungsförderlich, doch braucht auch jeder von euch Zeit für sich. Respektiere dieses Bedürfnis.

6. Flirtet

Höre nicht damit auf, deinen Partner zu umwerben. Zu denken, dass du dich jetzt, da du ihn dir »geschnappt« hast, nicht mehr anstrengen musst, ist nicht sehr klug. Meine Schwiegereltern sind da ein wunderbares Vorbild. Sie sind jetzt schon so lange verheiratet, aber necken sich und flirten miteinander wie zu Beginn. Mein Mann hat sich in Bezug auf unsere Beziehung viel bei seinen Eltern abgeschaut. Blinzelt euch über den Tisch hinweg zu, rufe ihn an, nur um ihm zu sagen, dass du ihn liebst, berührt euch liebevoll, pflegt eure Insider-Witze und küsst euch oft.

7. Seid intim

Wenn wir nicht achtgeben, geht unsere Intimität gleich zu Beginn unserer Elternschaft verloren. Doch für eine verbundene Beziehung ist Intimität innerhalb und außerhalb des Schlafzimmers von entscheidender Bedeutung. Intimität bedeutet nicht nur Sex, sondern auch emotionale Nähe. Sie bedeutet, alle Schutzhüllen fallen zu lassen und ganz der Mensch zu sein, der man wirklich ist, mit all seinen Gefühlen und Gedanken, in der sicheren Gewissheit, akzeptiert und geliebt zu werden.

Sexuelle Intimität ist ein wichtiger Aspekt einer verbundenen Beziehung. Besonders für die meisten Männer ist sie ein emotionales Bedürfnis und sollte nicht als Druckmittel missbraucht werden. Sexuelle Verweigerung einzusetzen, um ihn (oder sie) zu bestrafen oder zu manipulieren, zeugt von großer Respektlosigkeit, führt zu wachsender Feindseligkeit und zwangsläufig zu Unverbundenheit.

8. Habt Spaß zusammen

Verabredet euch regelmäßig und sei es auch nur zu Fast Food auf dem Sofa, wenn die Kinder im Bett sind. Notiert euch diese Dates in euren Kalendern und haltet euch diese Zeitfenster frei, weil sie wirklich wichtig für eine verbundene Beziehung sind. Achtet darauf, zusammen zu lachen. Dies lindert Stress und steigert euer emotionales Wohlbefinden. Seid hin und wieder spontan. Gemeinsam Neues auszuprobieren, stärkt eure emotionale Verbindung.

9. Schenkt euch gegenseitig Anerkennung

Natürlich können wir es uns einfach machen und stillschweigend davon ausgehen, dass unser Partner weiß, dass wir ihn schätzen. Aber selbst wenn das stimmt, ist es einfach schön, es von Zeit zu Zeit auch zu hören. Achte darauf, eure Beziehung nicht als etwas Selbstverständliches zu sehen, egal, ob ihr zwei Monate oder zwei Jahrzehnte zusammen seid. Sage deinem Partner, dass du ihm für die kleinen Dinge des Alltags dankbar bist, und sage ihm auch, *warum* du dankbar bist.»Danke, dass du mir mit dem Abwasch hilfst. Jetzt bleibt mir noch ein wenig Zeit zum Entspannen.«

Lasse deinen Partner wissen, wie wichtig er für das Erreichen deiner Lebensziele ist. Wenn er dich bei deinem Versuch, *Positive Parenting* umzusetzen, unterstützt, sage ihm, wie viel dir das bedeutet. Danke deinem Partner dafür, dass er dich bei deinen beruflichen Zielen unterstützt, wenn dies der Fall ist. Wir alle wollen nicht nur als Hauptverdiener oder Hausfrau gesehen werden, sondern das Gefühl haben, dass wir eine wichtige Rolle im Leben unserer Lieben spielen, die sie auch zu schätzen wissen.

10. Seid zärtlich

Zärtlichkeit ist ein emotionales Bedürfnis, das schnell von unserem Radar verschwindet, wenn wir uns nicht bewusst darum bemühen. Zärtliches Verhalten führt zu Ausschüttung des Hormons Oxytocin, welches unter anderem Stress reduziert. Wir würden nie auf die Idee kommen, unsere Kinder, nur weil sie sich schlecht benehmen, auf Liebesentzug zu setzen. Genauso wenig sollten wir dies mit unserem Partner machen, wenn er uns eine Bitte abschlägt. Wir sollten Liebe und Zärtlichkeit nicht als Lockmittel missbrauchen, mit dem wir unsere Lieben dahin bekommen, wo wir sie haben wollen. Sie sind die Lebensadern in einer liebevollen und verbundenen Partnerschaft.

11. Seid vertrauenswürdig

In einer verbundenen Beziehung ist Vertrauen unerlässlich. Der Bildung einer vertrauensvollen Beziehung mit eurem Kind habe ich ein ganzes Kapitel (Kapitel 5) gewidmet. Doch auch das Vertrauen in eurer Partnerschaft soll nicht zu kurz kommen.

- Seid ehrlich. Haltet keine Informationen zurück und beschönigt nicht die Fakten.
- Haltet Wort. Brecht nicht die Versprechen, die ihr euch gegeben habt.
- Seid treu. Ein vermeintlich unschuldiger Flirt mit jemand anders ist ein kleiner Betrug und ein vermeidbarer Fehltritt.
- Behaltet die Geheimnisse eures Partners für euch. Plaudert nicht aus dem Nähkästchen und sprecht nicht negativ übereinander hinter dem Rücken des anderen.

12. Haltet euch mit Kritik zurück

Kritik schadet dem Selbstwertgefühl, dem Vertrauen und der Verbindung. Dies trifft sowohl auf deinen Partner als auch auf deine Kinder zu. Psychologe John Gottman, weltweit bekannt für seine Untersuchungen zu den Stabilitäts- und Risikofaktoren für die Ehe, hat in den vergangenen 40 Jahren Tausende von Paaren beobachtet und ist zu bahnbrechenden Forschungsergebnissen gelangt. Kritik nennt er in Anlehnung an das Alte Testament einen der vier apokalyptischen Reiter, der die Apokalypse beziehungsweise das Scheitern einer Beziehung vorhersagt. Kurz gesagt, ist Kritik einer von vier Faktoren, der eine Beziehung misslingen lässt. Gottman unterscheidet dabei zwischen dem Vorbringen einer Beschwerde oder eines Diskussionsangebots und Kritik, die zwangsläufig dazu führt, dass sich der Partner beleidigt, zurückgewiesen und verletzt fühlt. Gegenmittel zu Kritik seien »Beschwerden«, in denen man »Ich-Aussagen« verwendet und ein positives Bedürfnis ausdrückt.[10] Im nächsten Kapitel werde ich darauf näher eingehen.

13. Teilt euch die Aufgaben auf

Natürlich ist es völlig in Ordnung, Aufgaben zu delegieren. Aber der Haushalt oder die Erziehung der Kinder liegen im Zuständigkeitsbereich von euch beiden. Hier kommt es auf gute Zusammenarbeit an.

14. Geht Beziehungsprobleme proaktiv an

Typische Konfliktherde in der Paarbeziehung sind Kindererziehung, Geld, Kommunikation oder Aufgabenteilung. Am besten legt ihr euch bereits vor Auftauchen von Problemen einen Plan bereit, dann werdet ihr nicht eiskalt erwischt. Auf die meisten Themen komme ich auch in meinem Buch noch näher zu sprechen.

15. Kommuniziert effektiv

Ein klarer und achtsamer Kommunikationsstil ist nicht nur in der Beziehung mit euren Kindern sondern auch in eurer Partnerschaft von essenzieller Bedeutung. Effektive Kommunikation lässt uns die Menschen, die wir lieben, besser verstehen und ermöglicht uns eine erfüllte Partnerschaft. Im nächsten Kapitel werde ich genauer darauf eingehen.

Vielleicht empfindest du meine Tipps als selbstverständlich, aber in unserem überfrachteten, hektischen Alltag geht die Verbindung zu unseren Liebsten nur allzu leicht verloren, da wir immer weniger Zeit miteinander verbringen. Wenn wir uns nicht bewusst anstrengen, blitzt unsere Freundlichkeit nur noch in flüchtigen Momenten auf, und unsere Großzügigkeit schwindet, weil wir das Gefühl haben, nichts mehr geben zu können. Versprecht euch gegenseitig, eure Verbindung aufrechtzuerhalten, und ihr seid eurem Traum von einer verbundenen Familie einen großen Schritt näher.

Diskussionspunkte

- Gibt es in eurer Beziehung ein verletzendes oder negatives Verhaltensmuster, das du gerne beseitigen würdest?
- Siehst du an den wichtigen Menschen in deinem Leben eher das Positive oder das Negative?
- Bist du damit einverstanden, die guten Seiten deiner Liebsten zu suchen und sie dir stets vor Augen zu halten?
- Seid ihr beide damit einverstanden, Differenzen in Einklang zu bringen, um eine verbundene Familie zu sein?

- Besprich unten stehende Fragen mit deinem Partner.
- Was gibt mir das Gefühl, geliebt zu werden?
- Was gibt mir das Gefühl geschätzt zu werden?
- Fehlt mir in unserer Partnerschaft irgendetwas?

Praktische Anwendung

Um dir meine 15 Tipps für eine gesunde Beziehung schnell ins Gedächtnis zu rufen, findest du hier einen Überblick:

- Fülle emotionale Tanks auf.
- Konzentriere dich auf die positiven Seiten.
- Streitet konstruktiv.
- Behandelt euch respektvoll.
- Flirtet.
- Lasst euch Freiräume.
- Seid intim.
- Habt Spaß zusammen.
- Zollt euch gegenseitig Anerkennung.
- Seid zärtlich.
- Seid vertrauenswürdig.
- Halte dich mit Kritik zurück.
- Teilt euch die Aufgaben auf.
- Geht Beziehungsprobleme proaktiv an.
- Kommuniziert effektiv.

Nun geht es darum, die Tipps für eine gesunde Beziehung in die Praxis umzusetzen. Macht dazu folgende Übungen:

1. Übt miteinander, aktiv zuzuhören. Ermögliche es deinem Partner, seinem Herzen Luft zu machen, egal worum es geht. Die Aufgabe des Zuhörers ist es, aufmerksam zuzuhören, ohne Ratschläge zu erteilen oder das Gesagte zu beurteilen. Wechselt euch dabei ab.

2. Nehmt euch ein paar Mal pro Woche eine Auszeit, in der ihr euch nicht ablenken lasst und euch einfach nur in den Armen haltet. Egal ob ihr es schafft, zehn Minuten auf der Couch zu kuscheln oder euch für zwei Stunden ins Schlafzimmer einschließt (ihr Glückspilze), wird es eure Verbindung deutlich verbessern.
3. Wähle ein paar Eigenschaften deines Partners aus, die du liebst. Denke in den folgenden Tagen gezielt an diese Eigenschaften. Nimm sie ganz bewusst wahr und sag deinem Partner, wie sehr du sie an ihm schätzt. Je stärker du dich auf seine oder ihre positiven Seiten konzentrierst, desto mehr positive Gefühle kommen auf.
4. Blickkontakt ist eine wunderbare Partnerübung. Setzt euch einander gegenüber hin und macht es euch bequem. Berührt euch so, dass ihr es beide als angenehm empfindet. Versucht, an nichts zu denken und euch dabei für drei bis fünf Minuten tief in die Augen zu schauen.

4

Effektive Kommunikation

Wenn sich zwei Menschen mit unterschiedlichen Lebensgeschichten und Sichtweisen zusammentun, kann es schwierig werden. Aber um eine verbundene Familie zu sein, ist es unerlässlich zu lernen, effektiv miteinander zu kommunizieren. Wie bereits erläutert, habt ihr bereits als Kinder gelernt, zu kommunizieren. Dabei habt ihr euch daran orientiert, wie eure Eltern miteinander und mit euch sprachen. Wenn euch in eurer Kindheit ein negatives Kommunikationsverhalten vorgelebt wurde, kann es eine große Herausforderung bedeuten, alte Muster aufzulösen. Aber wenn ihr bisher eins aus diesem Buch gelernt habt, dann, dass ihr euch ändern könnt.

Viele von uns haben gelernt, ihre Liebe an Bedingungen zu knüpfen, und dies schwingt auch in unserer verbalen und nonverbalen Kommunikation mit. Oft nehmen wir diese »Wenn du mir den Rücken kraulst, dann kraule ich dir deinen«-Attitüde ein. Im Allgemeinen hängt unser Verhalten vom Verhalten unserer Mitmenschen ab, doch können wir über uns hinauswachsen. Wir können uns dafür entscheiden, liebevoll zu sein, auch wenn wir uns nicht geliebt fühlen.

Wir können bewusst warmherzig sein, wenn andere kaltherzig sind. Wir können ruhig bleiben, wenn unsere Gefühle hohe Wellen schlagen und Unfreundlichkeit mit Freundlichkeit beantworten. Wir können diejenigen sein, die Licht ins Dunkel bringen. Effektive Kommunikation bedeutet nicht nur den Austausch von Information. Sie hilft uns, unsere Partner und

Kinder besser zu verstehen. Sie hilft uns, Verbindung aufzubauen, Probleme zu lösen und Gefühle auszudrücken. Tatsächlich bedeutet effektive Kommunikation, das Gefühl, das sich hinter der Information verbirgt, zu verstehen. Es meint, sich in unsere Partner (und andere Menschen) hineinzuversetzen, um die Bedeutung, die mit ihren Worten mitschwingt, zu verstehen. Dies führt uns zu einem tieferen Verständnis derer, mit denen wir unser Leben teilen und lässt unsere Beziehungen zu anderen Menschen erfüllter werden.

Wir alle wollen uns gehört und verstanden fühlen, und doch fällt es uns oft schwer, auszudrücken, was wir wirklich sagen wollen. In Momenten der Frustration passiert es, dass wir einen schroffen Ton anschlagen. Manchmal versuchen wir, unsere Gefühle zu verbergen, was zu fehlender Kommunikation und zu Verwirrung und Frustration bei unseren Lieben führt. Manche sehen nur ihre eigenen Bedürfnisse und legen keinen Wert auf die der anderen. Wieder andere machen bei bestimmten Themen oder Gefühlen sofort die Schotten dicht und nehmen eine Abwehrhaltung ein. Doch diese Hindernisse gilt es zum Wohle der Familie zu überwinden. Es ist an der Zeit, gesündere Kommunikationsmuster zu erlernen, um mit deinen Liebsten langwährende Bindungen eingehen zu können.

Wir können uns dafür entscheiden, liebevoll zu sein, auch wenn wir uns nicht geliebt fühlen.

Kommen dir manche dieser negativen Kommunikationsmuster bekannt vor?

- Du erklärst Gefühle anderer für nichtig. »Das ist doch keine große Sache! Du reagierst total über!«
- Bei starken Gefühlen machst du dicht. »Mir geht's gut, ich will nicht darüber reden.«
- Während eines Streits brüllst du herum und äußerst dich verletzend.

- Du frisst all deine Gefühle und Gedanken in dich hinein, bis du irgendwann explodierst.
- Du neigst zu Verallgemeinerungen. »*Immer* schmeißt du deine dreckigen Klamotten auf den Boden.« »Dir ist es *überhaupt nicht mehr* wichtig, dass wir etwas gemeinsam unternehmen!« »*Immer* vergisst du das.«
- Du beschuldigst deinen Partner
- Du kritisierst deinen Partner oder machst ihn nieder.

Welche von den Kommunikationsmustern, die dir bekannt vorkommen, hast du als Kind bei euch zu Hause erlebt? Mit Achtsamkeit wird es dir gelingen, deine Muster neu zu programmieren. Du kannst lernen, wirksam und auf eine Art und Weise zu kommunizieren, die deiner Beziehung eine tiefere Dimension verleiht. Aus diesem Grund ist es sinnvoll, ein paar Grundregeln für die Kommunikation innerhalb der Familie aufzustellen.

Beispiele:

- Wir diskutieren nicht, wenn wir wütend sind; wir gehen nicht wütend ins Bett.
- Wir verwenden Ich-Botschaften und machen keine Schuldzuweisungen.
- Wir suchen nach Win-win-Lösungen.

»Ich« statt »du« macht vieles leichter

Es wird sich auf alle deine Beziehungen positiv auswirken, wenn du Du-Botschaften durch Ich-Botschaften ersetzt. Ich-Botschaften sind selbstbewusst, aber nicht aggressiv – du kannst damit den Menschen, die du liebst, sagen, was du brauchst, ohne sie anzugreifen. Oftmals entscheidet der Beginn einer Diskussion über ihren Verlauf. Versuche deshalb mit etwas Positivem zu starten und über deine Gefühle zu sprechen, ohne den anderen zu beschuldigen. Beispielsweise ist der Satz »Du machst mich fuchsteufelswild, weil du nie pünktlich heimkommst« kein guter Beginn für eine wertschätzende Unterhaltung. Ähnlich wie Kinder reagieren wir beim Gefühl, attackiert zu werden, mit Abwehr und sind nicht mehr offen für das Gesagte. Versuche stattdessen zu sagen: »Ich mache mir Sorgen, wenn du später kommst, und fühle mich dann schnell überfordert.« Wenn du eine Unterhaltung mit »Ich fühle mich … wenn/weil …« beginnst, wird dein Partner aufgeschlossener für deine Aussagen sein, egal, worum es geht.

Mit einer Win-win-Lösung sind alle zufrieden

Versucht, bei Problemen eine Win-win-Lösung zu finden. Dies ist eine Fähigkeit, die sich von der Paarbeziehung auf die Eltern-Kind-Beziehung überträgt. Win-win bedeutet in diesem Zusammenhang, dass du dich nicht kompetitiv, sondern kooperativ verhältst. Laut Stephen R. Covey ist Win-win »eine Einstellung, bei der der Kopf und das Herz immer Vorteile für beide Seiten suchen«.[11] Dies bedeutet, dass ihr beide eure Bedürfnisse und Wünsche, die mit einem bestimmten Problem verbunden sind, in aller Klarheit äußert und euch bemüht, euer beider Wünsche zu erfüllen.

In der Theorie hört sich das leichter an, als es ist. Oft bringen wir Argumente vor, die nur darauf abzielen, den anderen zu überzeugen. Für eine Win-win-Lösung aber müssen beide für die Herzenswünsche des anderen offen sein.

Die folgenden fünf Schritte werden euch dabei helfen, eine Win-win-Lösung zu finden:

1. Trenne die Person von dem Problem. Möglich, dass du die Haltung deines Partners zum Thema Disziplin nicht magst, aber du magst deinen Partner. In Zeiten des Friedens klingt das völlig einleuchtend, aber wenn es zum Tauziehen kommt, wer Recht hat, passiert es leicht, dass du die negativen Gefühle, die du mit dem Problem verbindest, auch auf deinen Partner überträgst. Machtkämpfe mit unseren Kindern legen wir bei, indem wir nach der Motivation ihres Verhaltens fragen und den ganzen Menschen dahinter sehen. In gleicher Weise sollten wir auch die Probleme mit unserem Partner angehen und die Gedanken und Gefühle, die den Konflikt befeuern, erkennen.

2. Schätze Einstellungen, Gefühle und Bedenken richtig ein. Denke daran, dass die Grundhaltung eines Menschen das Ergebnis seiner ganz individuellen Lebensgeschichte ist. Diese unterschiedlichen Grundhaltungen können insbesondere bei der Erziehung zu Reibereien führen. Aber wenn ihr in einem respektvollen Dialog miteinander bleibt und mitfühlende Zuhörer seid, werdet ihr erkennen, was euren Partner in seinem Innersten bewegt und die Geschichte hinter seinen Beweggründen verstehen. Wenn du dich wirklich anstrengst, den Standpunkt deines Partners zu verstehen, und es dir nicht nur darum geht, den deinen klarzumachen, werden sich neue Möglichkeiten auftun.

3. Lote aus, sei erfinderisch und behalte alle Optionen im Auge. Bleib beim Brainstorming ehrlich und sei den Ideen deines Partners gegenüber offen. Zögere aber nicht, klar auszusprechen, wenn du mit einer bestimmten Idee nicht einverstanden bist.

4. Einigt euch auf eine Lösung, mit der ihr beide gut leben könnt. Wenn ihr einen Konflikt habt, achtet darauf, grundlegende Bedenken des anderen ernst zu nehmen. Hier ein kleines Beispiel: Janet und Dan sind sich nicht einig darüber, ob bei der Erziehung ihrer Kinder auch ein Klaps erlaubt sein soll. Janet hat grundlegende Bedenken, dass dies sich negativ auf die Entwicklung der Kinder auswirken könnte. Dan macht sich Sorgen, zu permissiv zu sein und die Erziehung der Kinder völlig schleifen zu lassen. Das Paar einigt sich auf einen Erziehungsplan, der ohne Schläge auskommt, zugleich aber sicherstellt, dass die Kinder mit ihrem Fehlverhalten nicht durchkommen. Damit wurden die Bedenken beider Partner berücksichtigt.

5. Gebt der Lösung eine faire Chance. Wenn ihr euch auf eine Lösung geeinigt habt, testet sie ein paar Wochen lang. Wenn einer von euch beiden der Meinung ist, dass sie nicht funktioniert und unglücklich damit ist, fangt wieder bei Schritt 2 an.

Unterstellungen sorgen für Ärger

Es ist immer besser, nachzufragen, anstatt zu mutmaßen. Unterstellungen über die Gedanken oder Gefühle deines Partners führen nur zu unnötiger Verärgerung und Enttäuschung. Angenommen Jenny hat sich extra ein neues Kleid für das gemeinsame Abendessen mit ihrem Mann John gekauft. John verliert aber kein Wort darüber, wie toll sie darin aussieht. Dabei findet er sehr wohl, dass sie hübsch aussieht, geht aber davon aus, dass sie das ohnehin weiß. Jenny hingegen vermutet, dass John gar nicht bemerkt hat, wie viel Mühe sie sich gegeben hat, dass er ihr Outfit nicht mag oder dass er nicht damit einverstanden ist, dass sie Geld für ein neues Kleid ausgegeben hat. Während des ganzen Abendessens geht Jenny in Abwehrhaltung, Enttäuschung und Sorgen treiben sie um. Dies hätte sich verhindern lassen, wenn John ihr ein Kompliment gemacht hätte und wenn Jenny einfach gefragt hätte: »Na, wie sehe ich aus?«

Nehmen wir an, Anna steht nachts immer auf, wenn das Baby schreit. Ihr Unmut wächst, da sie Jeff unterstellt, er denke, es sei ausschließlich ihr Job. Jeff dagegen nimmt an, dass Anna diejenige sein will, die nachts für das Baby da ist, da sie nie das Gegenteil behauptet hat. Er würde Anna sehr gerne helfen, wenn sie ihn darum bitten würde. Über eigene Gefühle zu sprechen und seinen Partner nach den seinen zu fragen, ist ein wesentlicher Aspekt einer gesunden Partnerschaft. Auch wenn es sich zunächst künstlich anfühlen sollte, gib dir ganz bewusst Mühe. Es wird sich auf jeden Fall auszahlen und zu einer wertvollen Methode werden, miteinander verbunden zu bleiben.

Hört ganz genau zu, dann steht nichts zwischen euch

Zu hören, dass dein Partner etwas sagt, heißt noch lange nicht, dass du ihm zuhörst. Richte deine ganze Aufmerksamkeit auf den Sprecher. Halte Augenkontakt und nimm eine positive Körperhaltung ein, die Aufnahmebereitschaft signalisiert. Wenn du wegschaust, dich mit anderen Dingen beschäftigst, oder schlimmer noch, mit den Augen rollst und Arme und Beine überkreuzt, drückst du aus: *Das, was du sagst, ist mir piepegal.* Lege bei einer Unterhaltung dein Handy zur Seite und versuche nicht, nebenbei Hausarbeit zu erledigen. Höre unvoreingenommen zu und versuche, deinem Partner nicht das Wort im Munde umzudrehen. Fasse kurz zusammen, wie du das Gesagte verstanden hast, um sicherzugehen, dass du es nicht falsch auslegst.

Versuche nicht, den Fehler zu finden

Kritik ist ein Gesprächskiller. Schuldzuweisungen, auf Fehler hinzuweisen, alles aufzuzählen, was der Partner besser oder anders machen könnte, ist nicht hilfreich. Es ist nicht dein Job, zu sehen, was dein Partner anders machen kann. Es ist dein Job, zu sehen, was *du* anders machen kannst.

Erst einmal beruhigen

Wie ich bereits im Absatz *Hirnforschung 1x1* in Kapitel 1 erklärt habe, ist das untere (primitive) Gehirn dann aktiv, wenn du wütend bist. Dies erschwert den Zugang zu deinem oberen (logischen) Gehirn. Dieser Vorgang passiert nicht nur bei Kindern. Darum brüllen wir erst herum und fühlen uns später schuldig. Die Brüllreaktion wird in unserem reaktiven, primitiven Gehirn generiert. Mit etwas zeitlichem Abstand sind wir in der Lage, logisch nachzudenken, und realisieren, dass dies falsch war. Wenn du also merkst, dass die Situation sich zuspitzt, nimm dir eine Auszeit, um dich zu beruhigen. Warte, bis dein Ärger verraucht ist, du klar denken und in ruhigem Ton sprechen kannst. Weitere Beruhigungstechniken findest du in Kapitel 2.

Kommunikation mit Kindern

Im Lauf der Jahre habe ich herausgefunden, dass die Art und Weise, wie ich mit meinen Kindern rede, sich darauf auswirkt, wie sie mir antworten. Oft schlagen sie mir gegenüber denselben Ton an, den ich ihnen gegenüber angeschlagen habe. Kurz gesagt: Wie ich in den Wald hineinrufe, so schallt es heraus.

Ich möchte, dass meine Kinder lernen, dass man in einer verbundenen, liebevollen Beziehung respektvoll und höflich miteinander redet.

Positive Kommunikation ist eine Maßnahme, die sich sehr gut in die Praxis umsetzen lässt. Kommunikation umfasst nicht nur unsere Wortwahl, sondern auch das Wie, also unseren Tonfall und unsere nonverbale Körpersprache. Auch das geschriebene Wort ist damit gemeint. Wenn du Blickkontakt herstellst und deinem Gegenüber deine volle Aufmerksamkeit schenkst, ist dies mindestens so aussagekräftig wie der Ausspruch »Du bist wichtig«. Wenn du dein Kind mit Schweigen strafst, vermittelst du ihm: »Du verdienst meine Aufmerksamkeit und Wärme gerade nicht.« Daher sollten wir nicht nur darauf achten, was wir sagen, sondern auch, wie wir es sagen.

Halte dir Folgendes immer vor Augen: Bereits in unserer Kindheit formiert sich unser Kommunikationsverhalten. Dies bedeutet, dass dein Kind aus jeder noch so kleinen Interaktion mit dir sein späteres Kommunikationsverhalten ableitet. Wenn du deinem Kind jetzt bereits beibringst, positiv zu kommunizieren, ermöglichst du ihm einen Startvorteil, weil es lernt, gesunde Beziehungen zu pflegen.

Respekt

Es ist ein weitverbreiteter Irrglaube, dass man Kindern gegenüber einen harschen Ton anschlagen muss, damit sie gehorchen. Oft behaupten Eltern: »Mein Kind hört erst dann auf mich, wenn ich es anbrülle!« Sollte dies der Fall sein, dann, so fürchte ich, wurde ihm genau das beigebracht. Die unbequeme Wahrheit ist: Je öfter du schreist und einen barschen Tonfall anschlägst, um dir bei deinem Kind »Gehör zu verschaffen«, desto öfter wirst du dies auch in Zukunft tun müssen, da dein Kind lernt, dass erst dann Handlungsbedarf besteht, wenn du an die Decke gehst. Darüber hinaus wird es lernen, dass es mit dieser Art zu kommunizieren bei anderen seinen Willen durchsetzen kann. Wundere dich also nicht, wenn es mit Geschwistern, Gleichaltrigen oder mit dir in demselben barschen Befehlston spricht.

Erinnere dich daran, was ich bereits gesagt habe – du kannst liebevoll sein, auch wenn du dich nicht geliebt fühlst. Du kannst herzlich sein, auch wenn dein Kind störrisch und hart ist. Du kannst ruhig bleiben, wenn es wütend ist und höflich, wenn es unhöflich ist. Du bist erwachsen. Du bist das Vorbild. Du kannst zu deinem Kind auch ohne diesen dröhnenden, autoritären Tonfall, den du aus deiner eigenen Kindheit kennst, durchdringen. Wenn Kinder angeschrien werden, und man ihnen droht, machen sie häufig dicht. Sie geraten in die Defensive, was ihr unteres, reaktives Gehirn aktiviert. Ihnen gegenüber respektvoll zu sein, signalisiert ihnen nicht, dass du deine Führungsrolle nicht übernimmst. Es sagt ihnen, dass sie es verdienen, von dir geachtet zu werden. Und das ist es doch, was deine Kinder über dich denken sollen, oder?

Ermutigung und Lob

Über das Loben von Kindern wurde schon viel geschrieben. Alfie Kohn hat auf diesem Gebiet bahnbrechende Forschungsarbeit geleistet. Ich kann auf seine Erkenntnisse nicht im Detail eingehen, empfehle dir aber, seine Publikationen, wenn du mehr über dieses Thema erfahren willst. Ich gebe einen kurzen Überblick darüber, was Eltern, die *Positive Parenting* praktizieren, bei diesem Thema für sinnvoll erachten.

Ermutigung tut Kindern gut. Sie lässt sie wachsen und gedeihen. »Ich glaube an dich.« »Du kannst das!« »Versuche es noch mal, bald hast du den Bogen raus.« »Du machst das toll! Mach weiter so!«

Auch Lob ist gut, solange es sich nicht um ein leeres Lob

handelt, das nur darauf abzielt, dass das Kind das tut, was du willst. Es sollte eine ernst gemeinte Kenntnisnahme und Wertschätzung seiner Bemühungen ausdrücken und nicht nur eine Beurteilung des Ergebnisses sein. Mit dem Satz: »Danke, dass du deine Spielsachen vom Boden aufgehoben hast. Das hat mir sehr geholfen« kann ein Kind mehr anfangen, als mit: »Gut gemacht, Billy.« »Die Matheschulaufgabe war wirklich schwer. Du hast viel dafür gelernt und dich wirklich reingehängt.«

Es ist wichtig für dein Kind, dass es (1) sich von dir gesehen und wertgeschätzt fühlt, dass es (2) seine Arbeit selbst beurteilen darf und nicht lernt, nur dann zufrieden zu sein, wenn andere sie für gut befinden, dass es (3) lernt, dass es Erfolge und Misserfolge geben wird und es etwas Neues lernen kann, wenn er sich traut, es zu versuchen.

Kommunikation unter Vorbehalt

Vielleicht hast du schon selbst erlebt, wie tief verletzend es ist, mit Schweigen gestraft zu werden oder absichtlich den Rücken zugedreht zu bekommen. Diese Maßnahmen eignen sich nicht, um einem Kind gutes Benehmen beizubringen. Ein Kind anzuschweigen oder ihm die kalte Schulter zu zeigen, ist eine unreife, negative, nicht nachahmenswerte Art der Kommunikation. Sie signalisiert ihm, dass es Liebe nur unter Vorbehalt gibt. Aber Liebe ist keine Belohnung. Umarmungen, Aufmerksamkeit, Zärtlichkeit, liebe Worte – all das sind keine Belohnungen, die wir dem Kind vor die Nase halten, und sie ihm nur dann geben, wenn es zufriedenstellend funktioniert, beziehungsweise sie ihm vorenthalten, wenn es das nicht tut. Wir sollten sie unseren Kindern bedingungslos und ohne zu zögern schenken – immer.

Körpersprache

Körpersprache ist Teil unserer Kommunikation und kann über 50 Prozent der gesendeten Botschaft ausmachen. Man kann viel sagen, ohne auch ein Wort zu sprechen. Lächelst du, wenn dein Kind den Raum betritt? Richtest du dich auf und schaust ihm in die Augen, wenn es dir von seinem Tag erzählt? Alleine mit deiner Körpersprache drückst du aus, ob du aggressiv, aufmerksam, gelangweilt, entspannt, offen etc. bist. Um positiv kommunizieren zu können, musst du wissen, wie du positive Körpersignale aussendest. Im Folgenden habe ich Signale aufgelistet, die eine positive Botschaft transportieren:

- Lehne dich leicht nach vorne
- Stelle Augenkontakt her
- Lass dich nicht ablenken
- Neige deinen Kopf leicht nach vorne
- Überschlage Arme und Beine nicht
- Gestikuliere dezent
- Lächle
- Blicke entspannt drein
- Nicke

Das geschriebene Wort

Im Gegensatz zum gesprochenen Wort reicht das geschriebene bis in die tiefsten Winkel unseres Herzens. Die Wirkung einer kleinen Liebesbotschaft oder ein paar aufmunternder Worte zur rechten Zeit – versteckt in der Lunchbox, dem Buch oder unter dem Kopfkissen deines Kindes – ist nicht zu unterschätzen. Auch ein »Mama und ich«-Tagebuch kann deinem Kind helfen, sich sicherer zu fühlen und seine Gedanken und Gefühle für dich auszudrücken. Für Schulkinder und ältere Kinder bietet sich Tagebuchschreiben an, um Gedanken und Gefühle aufzuarbeiten.

Kommunikationsstile

Passe die Kommunikation mit deinem Kind seinem Alter und seiner Interessenlage an. Im Folgenden gebe ich dir einen Überblick über verschiedene Kommunikationsstile, die sich an den kindlichen Entwicklungsstufen orientieren.

Babys: 0 bis 12 Monate
Babys kommunizieren aktiv durch Schreien, Lautäußerungen und nonverbale Signale. Für die Entwicklung einer sicheren Bindung ist es von großer Wichtigkeit, dass wir diese Signale richtig zu deuten wissen. Sie umfassen die Mimik, wie etwa Lächeln und Grimassieren, Bewegungen, wie etwa Strampeln, und Gesten, wie etwa Zeigen, Nicken und Kopfschütteln. Darüber hinaus versuchen Babys mit ihren Bezugspersonen zu kommunizieren, indem sie kreischen, lachen oder brabbeln. So ermutigst du dein Baby dazu, mit dir zu kommunizieren:

- Sprich und singe oft mit ihm.
- Reagiere schnell und liebevoll auf sein Weinen.
- Lies ihm oft vor. Auch wenn es das Vorgelesene noch nicht versteht, genießt es dein Baby, deiner Stimme zu lauschen, und wird von Anfang an eine positive Verbindung zu sprachlichen Äußerungen herstellen.
- Ahme die Geräusche und Gesten deines Babys nach. Führe eine »Unterhaltung« mit ihm, indem du seine Lautäußerungen nachahmst und ihm anschließend Zeit lässt, darauf zu »antworten«.
- Reagiere interessiert, wenn dein Baby lacht, gurrt oder brabbelt. Schaue ihm ins Gesicht und ermutige es, die Unterhaltung fortzusetzen.

- Ahme seinen Gesichtsausdruck nach.
- Übe mit ihm das Zuhören, indem du oft mit ihm sprichst.
- Sprich in einem warmen, heiteren Tonfall mit ihm.

Kleinkinder: 12 bis 36 Monate

Im Kleinkindalter beginnt dein Kind langsam damit, neben Schreien, Geräuschen und nonverbalen Signalen auch sprachliche Äußerungen für seine Kommunikation zu nutzen. So kannst du die Kommunikationsfähigkeit und Sprachentwicklung deines Kleinkindes fördern:

- Zeige dich stets interessiert und antworte, wenn dein Kind versucht, zu kommunizieren. So signalisierst du ihm, dass du die Kommunikation mit ihm schätzt, und bist ihm ein gutes Vorbild.
- Deute die Gesten deines Kindes. Wenn es auf seine Wasserflasche zeigt, sage: »Ah, Wasser! Du willst deine Wasserflasche!«
- Mache eine Art Sportmoderation, während dein Kind spielt. So lernt es die Grammatik richtig anzuwenden und seine Gedanken zu sortieren. »Du lässt den Zug über das Gleis fahren. Hier kommt ein Tunnel! Du bist durch den Tunnel gefahren!«
- Ermutige dein Kind zu Fantasiespielen. Oft drücken sich Kinder im imaginären Spiel besonders frei aus. Spiele mit ihm mit!
- Vermeide negative Kommentare, wie etwa »Gras ist nicht rot« oder »Züge fahren nicht auf Straßen«, wenn dein Kind spielt.
- Unterstütze dein Kind dabei, seine Gefühle zu benennen, indem du oft mit ihm über sie sprichst und sie beim Namen nennst.
- Sprich mit ihm auch über die Gefühlsäußerungen anderer. »Siehst du, wie sich Nathan die Hände auf die Ohren presst? Er mag den Lärm nicht.« So lernt dein Kind, auf nonver-

bale Signale zu achten und seine Kommunikationsfähigkeiten auszubauen.

- Respektiere die Gefühle deines Kindes. Selbst wenn du sein Verhalten korrigieren musst, ist es wichtig, seine Gefühle anzuerkennen und zu respektieren.
- Beschreibe ihm, was du gerade machst: »Jetzt wasche ich deine Füße.«
- Lies deinem Kind vor. Ermutige es dazu, Dinge, die es erkennt, zu benennen und darauf zu zeigen. Lasse es selbst umblättern.
- Formuliere deine Bitten klar, altersadäquat und leicht verständlich.

Kindergartenkinder: 3 bis 5 Jahre

Jetzt spricht dein Kind! Kindergartenkinder lieben es, ihre neue Fähigkeit unter Beweis zu stellen, und reden gerne und viel. Achte darauf, eine Atmosphäre zu schaffen, in der dein Kind frei über seine Gedanken, Gefühle und Ideen sprechen kann. So förderst du die Kommunikationsfähigkeiten deines Kindes:

- Beteilige dich weiterhin an den Als-ob-Spielen deines Kindes und sorge für möglichst viele Gelegenheiten, mit dir oder seinen Freunden frei zu spielen.
- Frage es nach seinen Erlebnissen oder Gefühlen. Hilf ihm bei Bedarf mit Vokabular aus.
- Ermutige dein Kind, sowohl positive als auch negative Gefühle zu äußern, und unterstütze es dabei, die richtigen Ausdrücke zu finden.
- Lies ihm täglich Kinderbuchklassiker vor.
- Sprich mit ihm weiterhin oft über seine Gefühle und zeige ihm, wie es Probleme lösen kann.
- Kindergartenkinder stellen häufig die Frage nach dem Warum oder Wie. Tue diese Frage nicht als unwichtig ab. Gib dir wirklich Mühe bei deinen Antworten.

- Schenke deinem Kindergartenkind deine ganze Aufmerksamkeit, wenn es mit dir kommunizieren möchte. Höre ihm aktiv zu und fasse immer wieder zusammen, wie du es verstanden hast.
- Nicke, lächle und sei liebevoll und zärtlich zu deinem Kind. So gibst du ihm das Gefühl, dass du es schätzt, und ermutigst es dazu, weiter zu kommunizieren.
- Achte auf seine Körpersprache und interpretiere sein Verhalten. Kindergartenkinder sind immer noch nicht völlig in der Lage, verbal auszudrücken, was nicht stimmt.
- Begründe die Regeln, die du aufstellst. »Auf dem Parkplatz nehmen wir uns bei der Hand, damit dich kein Auto anfährt.« »Beim Radfahren musst du einen Helm tragen, damit dein Kopf bei einem Sturz geschützt ist.«
- Halte dich mit Kritik zurück und ermutige dein Kind oft.

Schulkinder: 5 bis 12 Jahre

Schulkinder haben bereits eine komplexe Weltsicht. Ihr Denken ist logischer und sie sind in der Lage, Sachverhalte zu reflektieren. Sie fangen damit an, schwierige Fragen zu stellen. So förderst du die Kommunikation mit deinem Schulkind:

- Versuche, viel Zeit mit deinem Schulkind zu verbringen, und achte darauf, dass ihr oft Gelegenheit dazu habt, offen zu sprechen.
- Stelle mehr konkrete als allgemeine Fragen.
- Arbeitet gemeinsam an der Konfliktlösung. Frage dein Kind, wie es zur Lösung des Problems beitragen kann, und gib ihm ein Mitspracherecht bei Regeln und Konsequenzen.
- Ermutige es weiterhin, über seine Gefühle zu sprechen, positive und negative.
- Unterbrich dein Kind nicht. Erlaube ihm, seinen Gedanken zu Ende zu führen, bevor du wohlüberlegt antwortest. Kinder schätzen dies ebenso wie Erwachsene!

- Vermeide Kritik.
- Interessiere dich für die Interessen deines Kindes. Stelle ihm Fragen darüber und versuche wirklich herauszufinden, was es liebt.

Diskussionspunkte

- Welche Kommunikationsmuster hast du dir schon als Kind angewöhnt?
- Wie sollen deine Kinder idealerweise kommunizieren?
- Haben deine Eltern respektvoll mit dir kommuniziert? Inwieweit hat dies Auswirkungen auf die Art und Weise, wie du heute mit deinen Kindern kommunizierst?
- Knüpfst du Kommunikation manchmal an Bedingungen, indem du schweigst oder kalt bist, wenn du dich ärgerst?
- Achte auf deine Körpersprache. Was drückst du damit aus?
- Wo siehst du noch Verbesserungsmöglichkeiten in der Kommunikation mit deinem Kind?

Praktische Anwendung

Mit ein bisschen Übung wird positive Kommunikation für dich und deine Familie eine Selbstverständlichkeit. Achte bei der Umsetzung auf folgende Punkte:

- Verwende Ich-Botschaften. Sage nicht »Du hilfst mir nie mit den Kindern«, sondern, »Ich würde mich freuen, wenn du mir mehr mit den Kindern helfen würdest«. So drängst du deinen Partner nicht in eine Verteidigungsposition.
- Suche nach Win-win-Lösungen. Denke an das Fünf-Schritte-Programm in diesem Kapitel: (1) Trenne die Person von dem Problem, (2) Schätze Einstellungen, Gefühle und Bedenken

richtig ein, (3) Lote aus, sei erfinderisch und behalte alle Optionen im Auge, (4) Einigt euch auf eine Lösung, mit der ihr beide gut leben könnt, (5) Gebt der Lösung eine faire Chance. Stelle keine Mutmaßungen an. Spekulationen über die Gefühle und Gedanken deines Partners sorgen oft für schlechte Gefühle und Feindseligkeit. Besser ist es, einfach nachzufragen.

- Höre unvoreingenommen zu. Oft haben wir bereits eine konkrete Vorstellung von der Antwort unseres Gegenübers, die möglichst gut zu unserer Argumentation passen soll. Versuche stattdessen, aufmerksam zuzuhören und zu verstehen, wie sich deine Lieben gerade fühlen.
- Kritisiere die Mitglieder deiner Familie nicht. Kritik zieht runter, unsere Aufgabe aber ist es, zu ermutigen.
- Sprich respektvoll mit deinem Partner und deinen Kindern. Wie du in den Wald hineinrufst, so schallt es heraus.
- Sei ermutigend und lobe aufrichtig.
- Setze niemals Liebesentzug ein, um dein Kind zu bestrafen oder es deinem Partner heimzuzahlen. Auf diese Art zu kommunizieren, zeugt von einem Mangel an Reife.
- Achte darauf, mit deiner Körpersprache Aufmerksamkeit und Offenheit zu signalisieren. Wende dazu die Tipps aus diesem Kapitel an.
- Nutze die Macht des geschriebenen Wortes. Hinterlasse deinen Lieben kleine Nachrichten unter ihrem Kopfkissen oder in ihrer Lunchbox.

Folgende Übungen helfen euch dabei, eure Kommunikationsfähigkeit zu verbessern.

Drei-Minuten-Zuhör-Challenge

Dazu benötigst du vier bis acht Karteikarten, auf die du ein Thema notierst. Nun bilden jeweils zwei Familienmitglieder ein Paar, bestehend aus einem Sprecher und einem Zuhörer. Der Sprecher zieht blind eine Karte und spricht drei Minuten lang über das Thema. Der Zuhörer darf ihn nicht unterbrechen. Nach drei Minuten fasst der Zuhörer zusammen, was der Sprecher gesagt hat, ohne zuzustimmen, zu widersprechen oder zu diskutieren. Dann werden Rollen getauscht.

Der Lerneffekt: Effektive Kommunikation besteht nicht nur daraus, Antworten zu geben, sondern auch zuzuhören und zu verstehen. Mit dieser Challenge übt ihr, gut zuzuhören. Um das Gesagte möglichst genau zusammenzufassen, muss der Zuhörer fokussiert, aufmerksam und empathisch sein.

Hindernisparcours

Baut aus Einrichtungsgegenständen (Stühlen, Kissen etc.) einen Hindernisparcours auf. Nun bilden die Familienmitglieder Paare, in denen einer eine Augenbinde trägt. Der sehende Partner führt seinen blinden Partner durch den Parcours auf die andere Seite des Raums. Der Partner mit der Augenbinde verhindert durch gutes Zuhören, gegen Hindernisse zu laufen.

Der Lerneffekt: Diese Übung stärkt die Fähigkeiten eines guten Zuhörers und stärkt das Vertrauen.

Pantomime

In diesem Spiel unterhalten sich zwei Familienmitglieder miteinander, doch nur eines darf sprechen. Person A spricht, während Person B seinen Standpunkt nonverbal vertreten muss.

Jeder bekommt eine Kopie mit folgendem Text:

A: Hast du mein Notizbuch gesehen? Ich weiß nicht, wo ich es hingelegt habe.
B: Welches Notizbuch?
A: Das blaue, das ich dir gestern geliehen habe.
B: Das hier?
A: Nein, Das hier ist rot. Ich meine das, das du dir gestern ausgeliehen hast.
B: Habe ich nicht!
A: Vielleicht liegt es unter dem Sofa. Kannst du mal nachsehen?
B: Ja, mache ich. Einen kleinen Moment.
A: Wie lange dauert das noch?
B: Mann, du bist so ungeduldig! Ich hasse, es wenn du den Chef raushängen lässt.
A: Vergiss es einfach. Ich suche selbst.
B: Warte! Hier ist es! Ich habe es gefunden!

Der Lerneffekt: Diese Übung führt uns vor Augen, wie viel wir sagen können, ohne ein Wort zu sprechen!

Nun soll Person B ein bestimmtes Gefühl, zum Beispiel Nervosität, Langeweile oder Aufregung ausdrücken, während sie den obigen Text spielt. Person A soll erraten, um welches Gefühl es sich bei Person B handelt.

Zusätzlicher Lerneffekt: Hier lernen wir, wie unsere Gefühle unser Verhalten beeinflussen und wie wir diese unseren Mitmenschen auch ohne Worte kommunizieren können. Dies schult unsere emotionale Intelligenz.

Kleine Liebesbeweise

Liste jeweils drei Liebesbeweise auf, die du in letzter Zeit von jedem deiner Familienmitglieder bekommen hast. Nun bitte die anderen, es dir gleichzutun. Schreibt die Liebesbeweise eines jeden Mitglieds auf separate Zettel, dann tauscht diese untereinander aus. Genießt es, euch geliebt und wertgeschätzt zu fühlen. Macht es euch zur Gewohnheit, das Gute zu sehen und hängt ein »Liebesboard« auf. Wir nutzen dafür ein Whiteboard. Fordere vor dem Zubettgehen jedes Familienmitglied dazu auf, eine Sache, die es gut findet, aufzuschreiben. Dies wird schon bald dazu führen, dass ihr positiver denkt und fühlt.

5

Schaffe eine Vertrauensbasis

Die Beziehung, die du dir mit deinem Kind aufbaust, basiert auf Verbundenheit und Vertrauen. Die Basis dieses Verbundenheitsgefühls ist eines der Grundprinzipien von *Positive Parenting*: Bindung. Das beständige und liebevolle Eingehen auf die Bedürfnisse unseres Kindes wirkt sich langfristig positiv auf seine Gehirnentwicklung aus. Wenn ein Kind darauf vertrauen kann, dass seine Bezugspersonen auf seine Bedürfnisse eingehen, ist sein Gehirn aufnahmebereit. Erst dann kann es sich unbeschwert auf Entdeckungsreise machen. Ohne sichere Bindungen jedoch, wird dieser Lernprozess behindert, da der Fokus des Kindes auf der Befriedigung seiner Grundbedürfnisse verharrt.

Eine sichere Bindung wirkt sich in vielfältiger Hinsicht positiv auf ein Kind aus: auf seine Empathie- und Beziehungsfähigkeit, auf seine emotionale Gesundheit, Aufmerksamkeitsspanne, Kreativität und Resilienz. Wissenschaftliche Studien haben ergeben, dass eine sichere Bindung die bestmögliche Grundlage für eine gesunde emotionale, intellektuelle, physische und soziale Entwicklung ist.

Ein Vertrauensverhältnis und eine enge Bindung zu deinem Kind aufzubauen ist jederzeit möglich, unabhängig davon, wie alt es ist. Es ist nie zu spät, auch wenn es natürlich am besten ist, schon im Babyalter damit zu beginnen.

Entwickle eine vertrauensvolle Beziehung zu deinem Baby

Kinder lernen bereits im Babyalter, ob sie der Welt vertrauen können oder nicht. Dabei bist du es, die seine Weltsicht prägt, da du seine engste Bezugsperson bist. Wenn du auf die Grundbedürfnisse deines Kindes nach Nahrung, Liebe und Zärtlichkeit zuverlässig eingehst, wird es Vertrauen lernen. Welches Selbstwertgefühl dein Kind entwickeln wird, hängt von den Botschaften ab, die du und andere Bezugspersonen ihm übermitteln. Natürlich soll die Botschaft »Du bist wertvoll« lauten und sich im Selbstbild deines Kindes verankern, das es ein Leben lang von sich haben wird. Mit einer sicheren Bindung machst du deinem Kind ein sehr wertvolles Geschenk.

So stärkst du das Vertrauen und die Bindung zwischen dir und deinem Baby:

- Lerne die Signale deines Babys zu deuten und gehe sofort darauf ein.
- Füttere es schon bei den ersten Anzeichen von Hunger, noch bevor es anfängt zu schreien. Sprich während des Fütterns zärtlich mit ihm und halte Augenkontakt.
- Achte darauf, dich viel mit deinem Baby zu beschäftigen, sprich oft mit ihm und lächle es an.
- Herze und liebkose es, schmuse mit ihm und sorge oft für Haut-zu-Haut-Kontakt.
- Reagiere unmittelbar auf sein Schreien. Lass dein Baby niemals alleine, wenn es schreit. Die Nächte mit Baby sind anstrengend, aber wichtig. Babys brauchen ihre Eltern, um wieder in den Schlaf zu finden. Es gibt auch sanfte Methoden, deinem Baby gute Schlafgewohnheiten anzugewöhnen.

Baue Vertrauen zu deinem Kleinkind und Kindergartenkind auf

Das Kleinkindalter ist die Zeit der Selbsterfahrung. Dein Kleines versteht nun langsam, dass es unabhängig ist und beginnt sich als Individuum zu sehen. Es erkundet Schritt für Schritt seine Welt, braucht dich aber als sicheren Hafen. Halte dich an folgende Verhaltensregeln, um eine vertrauensvolle, stabile Beziehung aufzubauen:

- Praktiziere, was du predigst. Schon kleine Kinder haben ein gutes Gespür dafür, ob Menschen authentisch sind. Denke daran, dass dein Kind an deinem Beispiel lernt und weniger durch die Worte, die du an es richtest.
- Höre zu, wenn dir dein Kind von den kleinen Dingen in seinem Leben erzählt, dann wird es dir später auch von den großen Ereignissen berichten. Zeige Interesse, auch wenn es dich nicht wirklich interessiert, was heute im Kindergarten passiert ist oder warum ein Spielzeug so toll ist. Schon in frühen Jahren legst du den Grundstein für eine respektvolle Kommunikation.
- Sei ehrlich. Manchmal ist es verlockend, zu behaupten, dass das Schwimmbad schon geschlossen hat, einfach weil man keine Energie dafür übrig hat. Aber mit Ehrlichkeit fährst du am besten. Dein Kind mag zwar klein sein, aber es ist nicht blöd. Es ist eine Frage des Respekts, ihm die Wahrheit zu sagen. Das ist es doch, was du dir auch von ihm wünschst, oder?
- Halte deine Versprechen. Wenn du deinem Kind versprochen hast, dich heute mit ihm ins Bett zu kuscheln und ihm besonders lange vorzulesen, dann tu es auch. Nun ist es wichtig, Wort zu halten, da du dies später auch von deinem Kind erwarten wirst. Mache keine Versprechen, die du nicht halten kannst.

- Lobe dein Kind für sein Tun, nicht nur für das Ergebnis. Die Botschaft an dein Kind sollte sein, dass es wichtig ist, Dinge zu versuchen und nicht, perfekt zu sein. »Toll, wie du dich anstrengst, die passenden Puzzleteile zu finden!«. So lernt dein Kind, dass es auf den Versuch ankommt. Außerdem stärkt es eure Verbindung, wenn du dir die Zeit nimmst, dein Kind wertzuschätzen.
- Zeitpläne und Routinen sind wichtig, da sie kleinen Kindern Sicherheit vermitteln. Mehr darüber erfährst du in Kapitel 6.

So stärkst du das Vertrauen deines Schulkinds

Bevor ein Kind in die Schule kommt, ist es in einer Phase enormer Weiterentwicklung und Veränderung. Im Alter zwischen fünf und zwölf Jahren werden die Teile des Gehirns geprägt, die für soziales Lernen und Emotionsregulation verantwortlich sind. Dein Kind wird immer unabhängiger, begibt sich auf die Suche nach seinem Platz im Leben und denkt über seine Zukunft nach. Das Selbstbild deines Kindes entwickelt sich stetig weiter, und trotz seiner zunehmenden Unabhängigkeit ist seine Bindung zu dir enorm wichtig.

Ein Vertrauensverhältnis und eine enge Bindung zu deinem Kind aufzubauen ist jederzeit möglich, unabhängig davon, wie alt es ist.

Im Folgenden gebe ich Tipps, wie du euer gegenseitiges Vertrauen und eure Bindung aufrechterhältst:

- Interessiere dich für das, was dein Kind gerne tut. Begib dich in seine Welt.
- Mache keine unglaubwürdigen Androhungen, sie schaden eurer Bindung. Vergewissere dich, dass dein Kind die Re-

geln und die Konsequenzen eines Regelverstoßes kennt, das macht Drohen überflüssig. Ein Beispiel für eine übertriebene Drohung ist: »Wenn du deine Spielsachen nicht sofort vom Boden aufhebst, landen sie im Müll! So wird dein Kind keine Lust haben, mit dir zu kooperieren und – du hast doch nicht wirklich vor, die Spielsachen wegzuwerfen?

- Übertreibe nicht. Halte deine Gefühle unter Kontrolle und passe deine Reaktionen der jeweiligen Situation an. Es kostet dich nur unnötig Energie, aus einer Mücke einen Elefanten zu machen. Die Katastrophe lauert nicht an jeder Ecke und nur, weil dein Kind sich einmal schlecht benimmt, heißt das noch lange nicht, dass ein schlechter Mensch aus ihm wird.
- Zeige deinem Kind, dass du ihm vertraust. Nur so kann es Selbstvertrauen entwickeln.
- Behalte Geheimnisse für dich. Wenn dir deine Tochter etwas anvertraut, plaudere es nicht aus. Hintergehe sie nicht, indem du es einem Familienmitglied oder einer Freundin erzählst, außer wenn Gefahr in Verzug ist. Kinder brauchen jemanden, dem sie vertrauen können und dieser Mensch willst du sein.
- In diesem Alter orientieren sich Kinder stark an der Meinung Gleichaltriger. Vermeide es daher, dein Kind vor seinen Freunden zu schimpfen, sondern nimm es lieber diskret zur Seite und flüstere ihm ins Ohr. Oder sage später, was du zu sagen hast. Vor seinen Freunden zur Rede gestellt zu werden ist peinlich für dein Kind. Es schadet eurer Bindung und führt zu Vertrauensverlust.
- Stärke eure Bindung, indem du deinem Kind aus deiner Kindheit erzählst. Kinder in diesem Alter interessieren sich für Erlebnisse, die auch du als Kind durchmachen musstest und wie du damals damit umgegangen bist. Auf diese Weise lernen sie dich besser kennen.

Bilde Vertrauen zwischen dir und deinem Teenager

Auch wenn Teenager manchmal schon sehr erwachsen wirken, solltest du stets im Hinterkopf haben, dass ihre Gehirnentwicklung erst rund um das 25. Lebensjahr abgeschlossen ist. Ein hervorragender Ratgeber für Eltern von Jugendlichen ist das Buch *Aufruhr im Kopf: Was während der Pubertät im Gehirn unserer Kinder passiert* von Dr. Daniel Siegel. Jetzt heißt es in vieler Hinsicht loslassen, doch eurem Vertrauensverhältnis und eurer Bindung muss das keinen Abbruch tun.

So schaffst du es, zu deinem jugendlichen Kind eine vertrauensvolle, enge Bindung zu halten:

- Bleibt im Gespräch. Jetzt zahlt es sich aus, dass du deinem Kind von klein auf gut zugehört hast und ihm mit Ehrlichkeit und Integrität vorangegangen bist. So habt ihr es euch hoffentlich schon vor langer Zeit angewöhnt, einander zuzuhören, ohne vorschnell zu urteilen.
- Lass dein Kind spüren, dass du ihm vertraust. Das Wissen, dass seine Eltern ihm vertrauen, wird sein Selbstbewusstsein stärken, und Letzteres ist gerade in den Teenagerjahren ungemein wichtig.
- Respektiere, dass dein Teenager nun Freiräume und seine Privatsphäre braucht.
- Respektiere die Meinung deines Kindes und spiele seine Bedenken nicht herunter. An deinem Beispiel lernt es, dass Einfühlungsvermögen und Respekt wichtig für eine gesunde Beziehung sind.

Wenn du von Beginn an eine gute Basis geschaffen hast, wird es ein Leichtes sein, in den kommenden Jahren darauf aufzubauen. Solltet du und dein Kind, aus welchen Gründen auch immer, keine sichere Bindung aufgebaut haben, als es noch klein war, fangt einfach jetzt damit an und gebt euer Bestes. Versuche, dich in Nachsicht zu üben – dir und deinem Kind gegenüber – besonders in turbulenten Zeiten, wenn eure Beziehung auf die Probe gestellt wird. Wenn es zum Bruch kommt, versuche so schnell es geht, wieder eine Bindung aufzubauen. Wenn Vertrauen verloren gegangen ist, stelle es wieder her. Deine Aufgabe als Erwachsene ist es, die Initiative zu ergreifen, um eure Bindung wieder zu reparieren. Es obliegt immer dem Reiferen von euch beiden, die Hand zur Versöhnung auszustrecken und für euch beide einen gangbaren Weg zu finden.

Diskussionspunkte

- Hattest du eine starke Verbindung zu deinen Eltern? Hast du ihnen vertraut? Hattest du das Gefühl, dass sie dir vertraut haben?
- Hat dieses Vertrauen oder Misstrauen, diese enge oder fehlende Verbindung in irgendeiner Form Auswirkungen auf die jetzige Beziehung zu deinem eigenen Kind?
- Wie willst du von nun an das Vertrauen und die Verbindung zwischen dir und deinem Kind stärken?

Praktische Anwendung

Ohne gegenseitiges Vertrauen und eine enge Bindung werden Kinder sich nur mit Gewalt oder der Androhung von Gewalt von ihren Eltern führen lassen. Statt auf Gewalt, baut *Positive Parenting* auf freiwillige Kooperation, die dann zustande kommt, wenn sich Eltern und Kinder verbunden fühlen und sich gegenseitig vertrauen. Vertrauen schafft Bindung. Im Folgenden gebe ich einen Überblick zu jeder Altersstufe:

0 bis 12 Monate

- Der Schlüssel zum Vertrauen deines Babys ist, seine Signale richtig deuten zu lernen. Babys kommunizieren viel durch Weinen, wobei es sich je nach Bedürfnis unterschiedlich anhört. Wenn du und dein Baby gut aufeinander abgestimmt seid, verstehst du, was es dir sagen will.
- Reagiere stets sofort und liebevoll darauf, um Vertrauen aufzubauen.
- Überschütte dein Baby mit Liebe. Keine Sorge, du wirst es nicht zu sehr verwöhnen, nur weil du es oft trägst und mit ihm schmust.
- Rege seine kognitive Entwicklung an, indem du es anlächelst, ihm vorsingst und mit ihm redest, spielst und lachst.

1 bis 5 Jahre

- Routinen und Rituale vermitteln Beständigkeit und Vertrautheit.
- Sei eine gute Zuhörerin. Sollte das Gesprächsthema deines Kindes auch noch so langweilig für dich sein, zeige ihm dennoch dein Interesse! Es sollte immer die Botschaft erhalten: »Was du wichtig findest, finde auch ich wichtig.«
- Lebe deine Werte und Ideale und sei deinem Kind ein gutes Beispiel. Es lernt, indem es dein Handeln nachahmt, und nicht so sehr, indem es sich an deine Vorträge hält.
- Sprich deinem Kind stets Mut zu. Sieh das Gute in ihm und betone es. Dein Lob und deine Wertschätzung sollten stets authentisch und ehrlich sein. Ständiges Herumkritisieren schmälert sein Vertrauen, daher versuche es, so gut es geht, zu vermeiden.
- Halte deine Versprechen. Bringe deinem Kind Vertrauenswürdigkeit bei, indem du ihm Vertrauenswürdigkeit vorlebst.

5 bis 12 Jahre

- Zeige deinem Kind weiterhin, dass du Vertrauen in das Gute in ihm und seine angeborenen Fähigkeiten hast. Dein Glaube an dein Kind ist ein starkes Bindeglied. Dein Vertrauen ist sein Leitbild.
- Drohungen zerstören Vertrauen. Sei stattdessen bestimmt. Vermittle ihm in aller Klarheit Grenzen und Erwartungen. Mit »Sobald-Sätzen« lassen sich Drohungen umgehen. Sage beispielsweise, »Sobald du deine Hausaufgaben gemacht hast, darfst du fernsehen«, und nicht, »Wenn du deine Hausaufgaben nicht machst, dann darfst du heute Abend *nicht* fernsehen!«.
- Vermeide möglichst, dein Kind in der Öffentlichkeit oder vor Gleichaltrigen zu blamieren. Dies vernichtet jegliches Vertrauen. Solltest du dein Kind in Anwesenheit von Altersgenossen zurechtweisen müssen, dann tue dies so diskret wie möglich, um zu verhindern, es öffentlich an den Pranger zu stellen.

13 Jahre und älter

- Beurteile umsichtig, wie viel Freiraum und Privatsphäre dein Kind braucht. Respektiere seine Privatsphäre, denn dies schafft Vertrauen. Eingreifen solltest du nur dann, wenn du eine Gefährdung für dein Kind siehst.
- Lass deinen Teenager wissen, dass du seine Meinung und Gefühle wertschätzt. Das Gehirn Jugendlicher macht erstaunliche Entwicklungen und Veränderungen durch. In keiner anderen Lebensphase schlagen die Gefühle so hoch. Was uns Erwachsenen vielleicht wie ein unnötiges Drama vorkommt, ist in Wahrheit eine authentische, intensive Gefühlsreaktion.
- Mache dich schlau über die Gehirnentwicklung deines Kindes, um es besser durch diese letzte Phase seiner Kindheit

begleiten zu können. Lies Daniel Siegels Buch *Aufruhr im Kopf: Was während der Pubertät im Gehirn unserer Kinder passiert*. Es gibt auch mehrere Videos von Dr. Siegel zu diesem Thema auf YouTube.

- Zeige deinem Teenager weiterhin, dass du ihm vertraust und an ihn glaubst. Damit solltest du nie aufhören.

6

Definiert eure Familienkultur

Mit eurer Familienkultur legt ihr den Grundstein dafür, wie eure Kinder Familie erfahren werden. Es ist ein komplexes Gebilde aus Überzeugungen, Haltungen, Werten, Gemütern, Erwartungen, Gewohnheiten, Rollen und vielem mehr. Beim Kulturbegriff denken wir vor allem an Länder oder Gesellschaften, aber nach Meinung mancher Soziologen hat auch jede Familie ihre eigene Kultur. Es gibt sogar wissenschaftliche Studien, die besagen, dass die Familienkultur größeren Einfluss auf Kinder hat als der Erziehungsstil der Eltern.[12] Die Familienkultur bestimmt maßgeblich, wie die Welt, in der ein Kind aufwächst, aussieht. Je nachdem, wie eine Familie ihre Kultur gestaltet, wird sich diese direkt auf das Glücksempfinden eines Kindes auswirken. Glückliche Familien gestalten bewusst eine positive Familienkultur. Eltern, die sich nicht bewusst um eine Familienkultur bemühen – die sich kaum oder keine Gedanken darüber machen, welche Werte sie vermitteln, welche Art von Familie sie sein wollen und wie sie innerfamiliäre Bindungen stärken können – werden im Laufe der Jahre mehr oder weniger zufällig ein vorgegebenes Modell übernehmen.

Die sieben Säulen der Familienkultur

1. Werte

Innerfamiliäre Werte wie Integrität, Respekt, Ehrlichkeit, Verantwortungsbewusstsein füreinander und für die Gesellschaft sowie Fairness erlernen die Kinder am Beispiel der Eltern. Das, was du ihnen vorlebst, werden sie übernehmen. Es ist kontraproduktiv, zu behaupten, dass Respekt in der Familie großgeschrieben wird, wenn wir uns unseren Familienmitgliedern gegenüber ständig respektlos verhalten. Halten wir uns aber stets an diese Werte, werden wir sie verinnerlichen und im Umgang mit anderen ganz selbstverständlich leben. Ihr werdet eure Werte in einem Leitbild zusammenfassen (mehr dazu später), das ihr gut sichtbar aufhängt und über das ihr oft redet. Doch noch wichtiger ist es, sich konsequent daran zu halten.

2. Veranlagungen

Der Begriff »Gemüt« wird im Wörterbuch als »die einer Person angeborene Denkweise sowie der ihr angeborener Charakter« erklärt. Als Synonyme werden Charakter, Temperament und Mentalität genannt. Ich denke, dass mit dem Wort auch die Haltung und das Selbstbewusstsein eines Menschen gemeint sind. Ich versuche, Schritt für Schritt zu erklären, was ich meine.

Was hast du für einen Charakter? Und dein Partner? Wie sieht es mit deiner Denkweise aus? Ist sie positiv oder negativ? Ist für dich das Glas halb voll oder halb leer? Wie steht es mit deinem Temperament? Würdest du dich als ruhig und entspannt oder eher ängstlich bezeichnen? Wirst du schnell ärgerlich oder kannst du fünf gerade sein lassen? Bist du eine angenehme Zeitgenossin? Oder eine Perfektionistin? Hast du eine hohe Meinung von dir oder ein eher geringes Selbstwertgefühl?

Alle diese Faktoren wirken sich auf die Umgebung aus, in der deine Kinder aufwachsen und sind Teile eures Familienpuzzles. Wahrscheinlich beantworten du und dein Partner diese Fragen ganz unterschiedlich. Mein Mann ist eher positiv und entspannt. Ich bin eher perfektionistisch und schnell aus dem Gleichgewicht zu bringen. Unsere Kinder haben unsere unterschiedlichen Charakterzüge und Veranlagungen geerbt. Das eine Kind ist, so wie ich, eher ängstlich. Das andere ist unbekümmert, wie sein Vater. Haben sie diese Eigenschaften geerbt oder erlernt? Ich habe keine Ahnung – vielleicht trifft beides zu. Entscheidend ist, dass wir einander respektieren und trotz unserer unterschiedlichen Gemüter einen Weg finden, harmonisch zusammenzuleben.

Hast du gewusst, das Selbstwertgefühl ansteckend sein kann? Im *Journal of Personality and Social Psychology* veröffentlichte Forschungsergebnisse deuten darauf hin, dass sich das Selbstwertgefühl von sich minderwertig fühlenden Menschen verbessere, wenn es von Freunden und geliebten Menschen aufgebaut werde. Andererseits empfänden Menschen, die andere trösten und aufbauen, dies als sehr erschöpfend, was dazu führen könne, dass ihr eigenes Selbstwertgefühl darunter leide. Daraus lässt sich tatsächlich schließen, dass das Selbstwertgefühl eines Menschen ansteckend sein kann.«[13] Im Umkehrschluss bedeutet es aber auch, dass Positivität ansteckend sein kann. Daher ist es unerlässlich, dass du dich gut um dich selbst kümmerst und an dir arbeitest, um ein positiver Mensch zu werden. Es ist so viel leichter eine positive Mutter zu sein, wenn du dich gut fühlst!

3. Erwartungen

Dies ist ein weites Feld, das über die Erwartungen, die du an deine Kinder hast, hinausgeht. Ich werde in diesem Buch längst nicht alle Aspekte berücksichtigen können, aber versuchen, das Wichtigste zusammenzufassen.

Deine Erwartungen an deine Kindern spielen eine sehr wichtige Rolle, und damit ist nicht nur gemeint, dass sie ihr Zimmer aufräumen. Vielmehr meine ich damit die Erwartung, gute Menschen zu sein, Herausforderungen anzunehmen, Durchhaltevermögen zu zeigen, gute Entscheidungen zu treffen und aus schlechten zu lernen.

Dies schließt auch deine Erwartungen an deinen Partner mit ein, da deine Kinder davon ableiten, was sie eines Tages von ihren Partnern erwarten sollen. Eure Erwartungshaltungen wirken sich auf die Geschlechterrollen aus, die eure Kinder verinnerlichen, was wiederum Einfluss darauf hat, wie sie Menschen des anderen Geschlechts sowie gleichgeschlechtliche Spielkameraden behandeln.

Neben eurer Erwartungshaltung an zwischenmenschliche Beziehungen übernehmen eure Kinder auch diese an die Gesellschaft, an Menschen unterschiedlicher Herkunft und Kulturen, an Arbeitgeber und Jobs, an Regierungen und Politiker oder an die Bedienung im Restaurant. Von euch lernen sie, was sie erwarten können in Bezug auf Mangel und Überfluss, Pech und Glück, Not und Segen. Ihr gebt eure Erwartungen direkt an eure Kinder weiter. Es ist schwer, den Überblick über die vielen verschiedenen Erwartungen zu behalten, aber sie spielen nun einmal eine entscheidende Rolle für eure Familienkultur.

4. Gewohnheiten

Unsere Kinder übernehmen vieles von uns, auch unsere Gewohnheiten – die guten und die schlechten. Gibt es jemanden in der Familie, der gerne mal laut wird? Wie sich dies auf die Familienkultur auswirkt, ist klar. Die Gewohnheit, mehrmals in der Woche gemeinsam zu Abend zu essen, schlägt sich ebenfalls nieder. Versuche, noch mehr positive Gewohnheiten zu etablieren, beziehungsweise die positiven weiterzuführen. Als Faustregel gilt, diejenigen aufzugeben, die du nicht an deinen Kindern sehen willst.

5. Kommunikation

Über Kommunikation wurde schon viel gesagt in diesem Buch, weil sie entscheidend ist bei der Bildung starker innerfamiliärer Bindungen. Daher ist sie natürlich auch für die Familienkultur von enormer Bedeutung. Welche Familie ist glücklicher – die, in der positiv und respektvoll miteinander kommuniziert wird, oder die, in der beschuldigt, kritisiert und gebrüllt wird? Positive Kommunikation führt zu positiver Bindung, daher ist es so wichtig, daran zu arbeiten.

6. Konfliktlösung

Streng genommen gehört dieser Aspekt zum Thema Kommunikation, aber da er so wichtig bei der Etablierung einer positiven Familienkultur ist, möchte ich ihn separat erläutern. Deinem Kind friedliche Konfliktlösung vorzuleben, sie ihm zu vermitteln und von jedem Familienmitglied einzufordern, ist enorm wichtig. Wenn sich verschiedene Persönlichkeiten unter einem Dach zusammentun, kommt es zwangsläufig zu Konflikten. Die Art und Weise, wie ihr damit umgeht, wird darüber entscheiden, ob sie eure Beziehung stärken oder scheitern lassen. Hier einige Tipps für eine friedliche Konfliktlösung:

- Bringe deinen Kindern bei, Gefühle zu benennen und damit umzugehen.
- Nutze Time-in, damit dein Kind sich in einer sicheren, ruhigen Umgebung beruhigen kann, bevor ihr über eine Konfliktlösung sprecht. Time-in werde ich in Kapitel 9 näher erklären.
- Älteren Kindern ab ungefähr sieben Jahren kann statt des Time-ins ein Friedenstisch (Siehe Kapitel 9) oder ein Friedenskreis helfen.
- Vermittle deinem Kind positive Kommunikationsregeln, (beispielsweise Ich-Botschaften) anstatt anderen die Schuld zu geben.

7. Traditionen

Rituale und Traditionen festigen den Familienzusammenhalt und geben Kindern das Gefühl, Teil von etwas Größerem zu sein. Im vorherigen Kapitel bin ich auf Routinen im Alltag eingegangen, die eine große Rolle für die Familienkultur spielen. Wöchentliche Rituale wie ein Kino- oder Pizzaabend, der Besuch eines Gottesdienstes oder eine Familienkonferenz hauchen der Idealvorstellung deiner Familie Leben ein. Mit Traditionen rund um Geburtstage oder anderen Feiern schaffst du es, dir eine positive Familienkultur aufzubauen.

Entwirf ein Familienmodell

Beim Bau eines Hauses würdest du wahrscheinlich nicht damit anfangen, wahllos irgendwelche Baumaterialien zusammenzuschustern. Vermutlich würdest du zunächst einen Bauplan anfertigen. Dies trifft auch auf das Erschaffen einer Familienkultur zu. Denke dir ein Modell oder ein Leitbild aus. Dies wird dir dabei helfen, deine Ziele festzulegen und deine Vision nicht aus dem Blick zu verlieren. Um die Familie bauen zu können, von der du schon immer geträumt hast, musst du genau wissen, welche Materialien du brauchst und wie du sie zusammenfügst.

In eurem Familienmodell sind eure Ziele zusammengefasst, außerdem enthält es einen Stufenplan, den ihr Schritt für Schritt abarbeitet, um diese Ziele zu erreichen. Du und dein Partner haben die Federführung bei der Festlegung eures Leitbilds, wobei ihr jedes Familienmitglied daran beteiligen solltet. So hat jeder das Gefühl, Teil des Ganzen zu sein. Gemeinsam auf ein Ziel hinzuarbeiten, wird euren Familienzusammenhalt stärken.

Die Vorteile eines Modells

Ein sorgfältig ausgearbeitetes Leitbild wird deine Familie motivieren. Wie bereits erwähnt, schweißt ein gemeinsames Ziel zusammen. Gemeinsam an einen Familienmodell zu arbeiten, gibt jedem Familienmitglied ein Mitspracherecht und stärkt die gegenseitige Solidarität. Es wird euch leichter fallen, Entscheidungen zu treffen, da ihr jetzt wisst, was ihr zum Erreichen eures Ziels braucht und was nicht. Vor der Festlegung auf ein Modell muss sich jedes Familienmitglied Gedanken über seine Werte, Ansichten, Wünsche, Ziele und Visionen machen. Das Ergebnis des Familienmodells ist ein »Benimmcode«, auf den du bei der Erziehung deiner Kinder zurückgreifen kannst.

Dein Vermächtnis beginnt jetzt

Ich habe in letzter Zeit viel über mein Vermächtnis nachgedacht. Wie werden wohl meine Kinder mit ihren Kindern und Enkelkindern über mich sprechen? Was wird ihnen beim Gedanken an mich in Erinnerung bleiben? Welches Bild haben die Menschen um uns herum von unserer Familie? Welchen Beitrag haben wir geleistet? Ich hoffe, dass ich anderen als Frau in Erinnerung bleibe, die großzügig und bedingungslos geliebt hat und auf ihre Mitmenschen positiven Einfluss hatte. Meiner Familie hoffe ich, Sanftheit, Güte und Integrität zu hinterlassen. Was möchtest du deiner Familie vermachen?

Letzten Endes wird es dein Familienmodell sein, das du deiner Familie vererbst. Entwirf es daher mit großer Sorgfalt.

Letzten Endes wird es dein Familienmodell sein, das du deiner Familie vererbst. Entwirf es daher mit großer Sorgfalt. Wenn du die darin verankerten Ziele beharrlich verfolgst und verwirklichst, wirst du sehr stolz auf dein Vermächtnis sein können. Wir alle hinterlassen unsere Spuren auf dieser Welt. Wir alle hinterlassen ein Erbe. Doch manchmal ist es ein schweres Erbe. Ich weiß, dass du ein Mensch bist, der für sich und seine Lieben etwas Positives schaffen möchte, das noch über Generationen fortwirkt. Dein Familienmodell wird dir Schritt für Schritt dabei helfen.

Schritt für Schritt zum Familienmodell

Euer Familienmodell erarbeitet ihr euch, indem ihr euch als Familie zusammensetzt und eure Werte, Überzeugungen, moralischen Grundhaltungen, Träume und Ziele miteinander diskutiert. Dabei ist es wichtig, jedes Familienmitglied daran zu beteiligen und ihm respektvoll zuzuhören, wenn es von seinen

Ideen spricht. Notiere die Antworten eines jeden. Auch sehr kleine Kinder sollten dabei sein, da sie so lernen, wie wichtig eine verbundene Familie ist.

Am besten listet ihr anfangs eure Werte auf. Zu unseren Familienwerten gehören beispielsweise Zeit, Lernen, Zusammensein, Freundlichkeit, Entschleunigung und Dasein. Notiere alle genannten Werte. In einem nächsten Schritt kannst du die für euch wichtigsten Werte, also die mit der breitesten Zustimmung, herausarbeiten und nochmals auflisten.

Als Nächstes listet ihr eure Überzeugungen, also das, woran ihr glaubt, auf. Unabhängig von deiner Religiosität hast du sicherlich tiefe Überzeugungen, etwa in Hinblick auf den Sinn des Lebens oder auf die Behandlung deiner Mitmenschen. Meine Familie beispielsweise glaubt, dass wir allen Menschen respektvoll und freundlich begegnen sollten. Wir halten es für wichtig, uns um Waisen und Kinder, die in Armut leben, zu kümmern. Wir glauben, dass wir Tieren in Not helfen und unsere Haustiere liebevoll behandeln sollten.

Zum Schluss kommen eure individuellen und familiären Ziele. Dies kann zum Beispiel bedeuten, mehr Selbstkontrolle zu erlangen, sich selbstständig zu machen oder gemeinsam emotional intelligente Kinder großzuziehen. Was auch immer ihr euch für euch selbst und eure Kinder wünscht, schreibt es auf, und achtet darauf, dass jeder zu Wort kommt.

Nachdem ihr diese umfassende Liste mit Werten, Überzeugungen und Zielen erstellt habt, haltet ihr nochmals ein (oder mehrere) Treffen ab, um die Bestimmung, die ihr als Familie habt, zu definieren. Lege schriftlich fest, worauf ihr euch letztlich geeinigt habt, lass es jedes Familienmitglied unterzeichnen und hänge es gut sichtbar auf. Du kannst es deinen Familienmitgliedern bei Bedarf, aber zumindest einmal im Monat in Erinnerung rufen.

Eure Familie wird sich im Laufe der Zeit verändern, die Kinder werden älter, deswegen scheint es mir sinnvoll, eure Bestimmung jährlich zu überarbeiten und neu zu bewerten. Auf diese Weise habt ihr eure Vision wieder klar vor Augen und zieht alle an einem Strang.

Nun, da ihr wisst, *was* ihr bauen wollt, ist es an der Zeit, zu fragen, *wie* ihr es am besten anfangt. Jetzt geht ihr bei eurem Familienmodell mehr ins Detail und entwickelt einen Ablaufplan. Nehmt euch jeden einzelnen Wert vor und schreibt nieder, wie ihr diesen Wert leben wollt. Dies könnte beispielsweise so aussehen:

Entschleunigung: Wir begrenzen die außerschulischen Aktivitäten, damit wir genügend gemeinsame Auszeiten haben.

Freundlichkeit: Wir tolerieren aneinander weder Unfreundlichkeit noch Brutalität. Behandelt ein Familienmitglied ein anderes unfreundlich, liegt es in seiner Verantwortung, die Beziehung mit einer netten Geste wieder ins Lot zu bringen.

Fahrt nun in gleicher Weise mit euren Überzeugungen fort. Wir könnt ihr im Einklang mit euren Überzeugungen leben?

Wir glauben, dass Umweltschutz wichtig ist. Wir werden recyceln, Energie und Wasser sparen und einmal monatlich in unserem Viertel Müll sammeln.

Wir glauben, dass alle Tiere gut behandelt werden sollten. Alle drei Monate helfen wir ehrenamtlich im Tierheim aus. Wir spenden Geld für Futter und medizinische Versorgung. Wir kümmern uns liebevoll um unsere eigenen Haustiere.

Nun sind eure Ziele an der Reihe.

Ich möchte im Verein Fußball spielen. Ich werde dreimal in der Woche trainieren und mich an die Tipps meines Trainers halten.

Ich möchte eine enge Beziehung zu meinen Kindern haben, wenn sie erwachsen sind. Ich werde ihnen jetzt, wo sie noch klein sind, respektvoll und mit bedingungsloser Liebe begegnen und darauf vertrauen, dass sie diese Liebe als Erwachsene erwidern.

Ich wünsche mir eine lebendige Ehe. Ich werde mich bemühen, effektiv zu kommunizieren und meine Liebe jeden Tag aufs Neue zu zeigen. Ich werde unsere Beziehung bereichern, indem ich mir bewusst Zeit für uns zwei nehme.

Hier sind ein paar Fragen, die euch dabei helfen sollen, euer Familienmodell zu entwerfen.

- Welche Art von Familie wollen wir sein?
- Welche Werte sind uns wichtig?
- Welche Atmosphäre soll bei uns zu Hause herrschen?
- Welche Beziehungen wünschen wir uns miteinander?
- Wer inspiriert uns und warum?

Warum Routinen und Rituale so wichtig sind

Mit dem schriftlichen Entwurf eures Familienmodells ist es nicht getan, jetzt müsst ihr in eurem täglichen Miteinander daran bauen. Routinen und Rituale hauchen eurer Kultur Leben ein. Kindern tun regelmäßige, beständige und vorhersagbare Abläufe sehr gut. Routinen schenken ihnen ein Gefühl der Sicherheit und fördern ihre emotionale Stabilität, da sie lernen, darauf vertrauen zu können, dass Erwachsene ihren Bedürfnissen nachkommen. Dies ist die »Entlastung«, die Kinder brauchen, um ihre »Arbeit« tun zu können, nämlich zu spielen und zu entdecken. Routinen sollten etwas Angenehmes, Flexibles sein, eine Art täglicher Flow, und weniger ein streng einzuhaltender Zeitplan. Kinder mit einem routinierten Alltag bekommen schon bald ein Gespür dafür, was für ihre Familie wichtig ist und wie sie sich am besten einfügen. Dies lehrt sie Verantwortungsbewusstsein und wie sie sich und ihre Umgebung konstruktiv organisieren.

Das Festhalten an einem beständigen Tagesablauf kann Kindern dabei helfen, ein stressiges Ereignis, wie etwa die Geburt eines Geschwisters oder den Umzug in eine andere Stadt, besser zu verkraften. Ein weiterer Vorteil besteht darin, dass sich kleine Kinder so leichter an die tägliche Körperhygiene gewöhnen, wie etwa Zähneputzen oder Händewaschen. Sie entwickeln eine gute Arbeitseinstellung, lernen, sich die Zeit einzuteilen und sich nach ihrer inneren Uhr zu richten. Kinder mit einer zuverlässigen Abendroutine werden normalerweise immer zur selben Zeit müde und schlafen schneller ein als Kinder ohne Abendroutine.

Lass dein Kind in seiner Alltagsroutine gewisse Dinge selbst entscheiden. Auf diese Weise gibst du ihm das Gefühl, mehr über seinen Tagesablauf bestimmen zu können. Oft kommt es zu Machtkämpfen, weil Kinder das Gefühl haben, kaum oder gar keine Kontrolle über ihren Alltag zu haben. Diese Machtkämpfe werden weniger, wenn das Kind etwas mehr Entscheidungsfreiheit erhält.

Auch für Eltern sind feste Abläufe äußerst hilfreich, da ihr Tag dadurch in der Regel runder läuft. Kinder, die wissen, was sie erwartet, benehmen sich besser, was für die gesamte Familie weniger Stress bedeutet. Mit routinierten Alltagsabläufen kannst du deine täglichen Aufgaben effizienter erfüllen und musst deinen Kindern weniger Anweisungen geben, da sie sich schnell an gewisse Abläufe gewöhnen.

Keine Familie ist wie die andere, und eure Routinen werden genauso einzigartig sein wie ihr es seid. Wenn du das Gefühl hast, dass eine Routine nicht funktioniert, sei flexibel und erarbeite zusammen mit deiner Familie eine, die besser zu euch passt. Im Folgenden schlage ich vor, wie solche Routinen je nach Alter des Kindes aussehen könnten.

Babys

Babys brauchen keine feste Routine. Füttere dein Baby, wenn es hungrig ist, und lege es hin, wenn es schlafen will. Mit der Zeit wird es von ganz allein eine Art von Routine entwickeln, die du ihm erleichtern kannst, indem du sein Zimmer gemütlich und schlafförderlich gestaltest, oder es auf vorhersehbare und ruhige Weise fütterst. Irgendwann kannst du rund um den Tagesablauf deines Babys eine Routine einflechten, die sowohl für das Baby als auch für den Rest der Familie funktioniert.

Kleinkinder und Kindergartenkinder

Klein- und Kindergartenkinder wissen Routine ganz besonders zu schätzen. Jetzt ist die richtige Zeit, um ein Poster oder eine Tafel anzuschaffen, die ihm helfen, in den Tagesrhythmus hineinzufinden. Verwende für jeden zu absolvierenden Punkt Bild und Text und sieh gemeinsam mit deinem Kind im Laufe des Tages immer wieder auf die Übersicht. Euer Tagesablauf könnte beispielsweise so aussehen:

- Anziehen
- Zähneputzen
- Frühstück
- Miteinander Spielen
- Basteln
- Putzen
- Mittagessen
- Musik machen
- Freispiel
- Abendessen
- Putzen
- Baden
- Gutenachtgeschichte
- Schlafenszeit

Du machst deinem Kind eine große Freude, wenn du in seinen Tagesablauf Rituale einbaust. Singt morgens beim Anziehen ein Lied oder verbinde sein abendliches Bad mit speziellen Ritualen. Damit fügst du eurem Tag noch eine Prise Glück und Verbundenheit zu. Behandle dein Kind mit Respekt und kündige ihm Übergänge an. Auf diese Weise lassen sich Trotzanfälle gut umschiffen. »In zehn Minuten gehen wir nach Hause.« »Du kannst noch fünf Minuten im Sandkasten spielen, dann gehen wir.« »Okay, los jetzt, wir gehen!«

Ein weiteres Beispiel, wie sich kleine Rituale in euren Tag einbauen lassen, ist die Situation, wenn du dein Kind bei der Kita ablieferst. Vielleicht singst du ihm auf dem Weg dorthin täglich das gleiche Lied vor, dann geht ihr durch die Eingangstür, du umarmst es, gibst ihm einen Abschiedskuss und sagst immer den gleichen Reim oder die gleiche Phrase dabei (zum Beispiel »See you later alligator«). Dann winkst du ihm lächelnd zum Abschied. Diese kleinen vorhersehbaren Rituale geben deinem Kind beim Abschied ein gutes Gefühl und lassen es positiv in den Tag starten.

Schulkinder

Schulkinder sind bereits in der Lage, für sich und andere Verantwortung zu übernehmen. Feste Abläufe beim Start in den Schultag, bei den Hausaufgaben, bei Hobbys, häuslichen Pflichten und dem Zubettgehen haben sich dabei als hilfreich erwiesen. Es reduziert Stress, die verschiedenen Stationen in seinem Tagesablauf mit Routinen zu verknüpfen. Ein Beispiel sind die Hausaufgaben: Diskussionen darüber, ob und wann diese zu machen sind, erübrigen sich, wenn dein Kind eine feste Uhrzeit und einen festen Arbeitsplatz zugewiesen bekommt. Bleibe konsequent, freundlich und sachlich. Manche Kinder lieben es, Punkte auf einer Liste abhaken zu können.

Dein Kind wird besser kooperieren, wenn du es bei der Entwicklung einer Routine mit einbeziehst.

Jugendliche

Jugendliche sollten bei ihrer Alltagsroutine kaum Hilfe benötigen. Abgesehen von kleineren Korrekturen deinerseits, sollten deinem Kind die Routinen eurer Familie in Fleisch und Blut übergegangen sein.

Rituale

Kleine Rituale, wie gemeinsames Singen während des Anziehens oder vor dem Abliefern in der Kita, habe ich bereits erwähnt. An eure Rituale wird sich dein Kind ein Leben lang gerne erinnern. Alles, was ihr regelmäßig miteinander macht, sei es der allabendliche Spaziergang oder das sonntägliche Kuchenbacken, wird zum Ritual. Wahrscheinlich hast du bereits ein paar Rituale eingeführt, von denen dein Kind profitiert. Dr. Steven Wolin, Psychiater an der George Washington University, behauptet: »Kinder, die in einer Familie mit etablierten Ritualen aufwachsen, sind als Erwachsene in der Regel resilienter.«[14] Darüber hinaus zeigen Forschungsergebnisse, dass Kinder, deren Familien Rituale haben, in Stressphasen emotional stabiler bleiben. Rituale schaffen eine gemeinsame Identität und ein starkes Zusammengehörigkeitsgefühl.

Hier findest du ein paar Anregungen für Familienrituale:

- Als mein Mann noch ein Kind war, bekam er jedes Jahr an seinem Geburtstag von einem Familienmitglied Butter auf die Nase geschmiert. So eigenartig dieses Ritual auch klingen mag, erinnert er sich sehr gerne daran. Wir haben die

Buttertradition nicht fortgeführt, dafür aber andere Geburtstagsrituale erfunden: Unmengen von Luftballons und einen mit Krepppapier zugeklebten Eingang, durch den man laufen muss. Wie könntest du diesen Tag für deine Liebsten zu etwas Besonderem machen?

- Wenn Halloween näher rückt, blase ich mehrere weiße Luftballons auf und male Gespenstergesichter darauf. Ich hänge sie draußen auf, und wenn es dunkel wird, machen wir uns auf Gespensterjagd und lassen die Geister platzen.
- In der Vorweihnachtszeit haben wir sehr viele Rituale. So spenden wir beispielsweise Spielsachen oder basteln zusammen ein windschiefes Lebkuchenhaus.
- In meiner Kindheit spielten wir ständig Scrabble und Boggle. Gemeinsame Spieleabende sind eine tolle Idee, haben aber in unserem überfüllten Alltag oft keinen Platz. Plane sie bewusst ein und stelle alle Geräte, die klingeln, bimmeln oder vibrieren ab, außer sie gehören zum Spiel!
- Gutenachtgeschichten sind wunderbar, meine Jungs aber sind verrückt nach kleinen, selbst erfundenen Abenteuervorführungen. Ihr Nachtlicht projiziert einen Sternenhimmel an die Zimmerdecke und hat uns schon zu denkwürdigen Reisen inspiriert. Wir waren auf Schatzsuche, kämpften gegen Drachen und Aliens und entdeckten neue Planeten!
- In den letzten Stunden der Silvesternacht lassen wir stündlich einen Luftballon platzen, in dem sich ein Zettel mit verschiedenen Aktivitäten befindet. Wir machen, ähnlich wie in der Spielshow »Die perfekte Minute«, kleine Wettkämpfe und verstreuen Unmengen von Konfetti.
- Übergangsphasen, wie etwa der Schulbeginn oder Jahreszeitenwechsel bieten sich gut für Rituale an. Sät Pflanzen im Frühling, geht Campen im Sommer, besucht ein Kürbisfeld im Herbst und geht Schlittenfahren im Winter.

- Legt jeden Abend alle eure Geräte für eine bestimmte Zeit zur Seite. Weder Handys noch Tablet-PCs sind erlaubt. Seid zuverlässig und schenkt euch täglich diese gemeinsame Zeit. Ihr werdet sehen, es kann für euch und eure Kinder Wunder wirken!

Geschwisterrivalität eindämmen – für eine friedliche Familienkultur

Nach der Geburt meines zweiten Kindes sah ich mich mit einem Schlag und zum ersten Mal in meinem Leben mit der Komplexität einer Geschwisterbeziehung konfrontiert. Als Einzelkind hatte ich die romantische Vorstellung, dass meine Jungs ganz automatisch für immer beste Freunde würden. Vielleicht hast auch du dir, ähnlich wie ich, deine Kinder als beste Freunde ausgemalt, die zusammen spielen, kichern und Händchen haltend durch die Welt spazieren. Jäh fand ich mich auf dem Boden der Tatsachen wieder, als Schiedsrichterin nicht enden wollender Geschwisterkämpfe. Aber du musst Geschwisterrivalität nicht als etwas »Normales« hinnehmen. Ja, es *ist* normal, dass Geschwister, die zusammen aufwachsen, hin und wieder miteinander streiten. Aber für ein friedliches Zuhause und eine positive Familienkultur ist eine starke Geschwisterbeziehung enorm wichtig. Deshalb solltest du dich darum bemühen, die Rivalität unter deinen Kindern möglichst klein zu halten. Zeige ihnen, wie sie sich eine positive und von Respekt geprägte Beziehung aufbauen können, und schaffe eine geeignete Umgebung dafür.

Oft kommt es zu Machtkämpfen, weil Kinder das Gefühl haben, kaum oder gar keine Kontrolle über ihren Alltag zu haben.

Im Umgang mit streitenden Geschwistern gießen Eltern oftmals unabsichtlich Öl ins Feuer. Auch ich habe die Rivalität unter meinen Kindern sogar noch befeuert, ohne es zu wollen. Aber ich habe gelernt, wie wir friedlicher zusammenleben können. Im nächsten Abschnitt erzähle ich dir von meinen Fehlern und meinen Erfolgen beim Versuch, eine Friedenskultur zwischen meinen Kindern zu etablieren.

Irrtum Nr. 1: Vergleiche

Mir war zwar klar, dass es nicht gerade schlau war, meine Kinder miteinander zu vergleichen, aber manchmal konnte ich mich einfach nicht zurückhalten. »Dein Bruder war schon sauber, als er so alt war wie du. Warum tust du dich so schwer damit?« Rate mal, ob das hilfreich war, um meinen Jüngsten dazu zu bringen, aufs Töpfchen zu gehen und liebevolle Gefühle für seinen Bruder zu entwickeln. Richtig: Es war in keinem Fall hilfreich.

Vergleiche haben zwei Konsequenzen für das Kind: negative Gefühle gegenüber dem »besseren« Geschwister sowie ein Gefühl der Unzulänglichkeit oder ein verringertes Selbstwertgefühl. Auch wenn du positive Vergleiche anstellst, indem du einem Geschwister sagst, dass es viel verantwortungsbewusster als das andere sei, schaffst du dadurch eine Wettkampfsituation. Dr. Laura Markham stellt fest: »Das Problem besteht darin, dass Vergleiche die Art und Weise, wie wir über unsere Kinder denken, verstärken, und dadurch auch Einfluss darauf haben, wie wir sie behandeln. Noch schlimmer ist es, wenn wir sie durch unsere Vergleiche dazu anregen, sich selbst untereinander zu vergleichen.«[15] Anstatt zu vergleichen, solltest du nur das beschreiben, was du siehst, was du gut findest, was sich ändern sollte oder noch getan werden muss. Aber lass das andere Geschwister dabei aus dem Spiel. Sage nicht: »Dein Bruder macht seine Hausaufgaben, ohne viel Trara, wieso kannst du das nicht auch?«. Sage stattdessen, was ansteht. »Bevor du fernsehen darfst, musst du deine Hausaufgaben machen.«

Irrtum Nr. 2: Etiketten verteilen

Haben deine Eltern dir und deinen Geschwistern Etiketten verpasst, als ihr klein wart? War es für euch selbstverständlich, dass eine »die Kluge«, eine »die Hübsche« und eine die »Talentierte« war? Scheinbar habe ich unabsichtlich einem meiner Jungs das Etikett »Spaßvogel« verpasst. Dies tat ich nicht, indem ich sagte: »Hey, du bist lustig und dein Bruder ist es nicht!« Es hat sich eher subtil entwickelt, indem ich über meinen einen Sohn mehr lachte als über den anderen und Sachen sagte, wie: »Du bist so komisch!« Sein Bruder fragte immer wie aus der Pistole geschossen »Findest du mich auch komisch?« und machte irgendwelche Kunststücke, mit denen er seinen Bruder übertreffen und uns zum Lachen bringen wollte.

Es ist eine vertrackte Situation, da Eltern vor der Frage stehen, wie sie die Stärken und Errungenschaften des einen Kinds gebührend anerkennen, ohne die Geschwisterrivalität anzuheizen. Meiner Meinung nach liegt die Lösung darin, jedem Kind das Gefühl zu geben, geliebt und wertgeschätzt zu werden. Ein jedes sollte sich wohlfühlen in seiner Haut. Der Clou lag für uns nicht darin, uns zu zwingen, nicht mehr über das komische Talent des einen Kindes zu lachen, sondern etwas an seinem Bruder zu finden, das wir ebenso herausstellten und wertschätzten.

Erfolg Nr. 1: Wertschätze ihre Bindung

Ich versuchte verstärkt, meinen Fokus auf Situationen zu lenken, in denen meine Jungs nett zueinander waren und schön zusammen spielten. Ich fand heraus: Du musst die Dinge, die du dir in deinem Leben wünschst, klar benennen können. Dieser Aspekt wird in vielen Artikeln über Positivität genannt, und wie sich herausstellte, funktionierte es prima. *Du kriegst das, worauf du deinen Fokus lenkst.* Lenkte ich meinen Fokus auf ihre Rivalität, bekam ich sie öfter zu spüren. Lenkte ich meinen Fokus auf ihre Bindung, entwickelten sich die Dinge prächtig.

Erfolg Nr. 2: Schaffe eine Team-Atmosphäre

Wir fühlen uns als Team in unserer Familie. Anstatt um Anerkennung zu rangeln, gehen wir die Dinge gemeinsam an. Bei uns hat nicht jeder seinen eigenen Hausarbeitsplan, sondern wir haben einen, den wir zusammen abarbeiten. Wöchentliche Familienzusammenkünfte sind einer Team-Atmosphäre sehr zuträglich. Bei unseren Treffen hat jedes Familienmitglied ein gleich großes Mitspracherecht, z. B. bei der Urlaubsplanung. Wenn du dein Kind bei den Geburtstagsvorbereitungen seines Geschwisters miteinbeziehst, indem du es beispielsweise dekorieren lässt, signalisierst du ihm damit: »Das geht uns alle etwas an«. Familientraditionen und -rituale helfen ebenfalls, ein Wir-Gefühl zu erzeugen.

Erfolg Nr. 3: Setze klare Grenzen

Kinder brauchen ein Zuhause, das ihnen ein Gefühl von Sicherheit und Behaglichkeit vermittelt. Unkontrollierte Geschwisterrivalität aber lässt den Traum von einem sicheren Hafen platzen. Ich erwarte nicht von meinen Kindern, sich immer glänzend zu verstehen, noch nicht einmal, sich immer zu mögen. Aber ich erwarte von ihnen, dass sie auf Gewalt, Spott und Beschimpfungen verzichten. Ich erwarte, dass sie, auch wenn sie nicht einer Meinung sind, respektvoll miteinander umgehen. Diese Grenze habe ich ihnen in aller Klarheit verständlich gemacht. Setze Grenzen, die sicherstellen, dass ihr euch alle respektvoll behandelt. So herrscht bei euch zu Hause ein Gefühl von Liebe und Akzeptanz und nicht von Rivalität und Uneinigkeit.

Es liegt in deinem Ermessen, ob du eingreifst, wenn deine Kinder streiten. Nicht immer ist es notwendig, zu Hilfe zu eilen. Gib ihnen etwas Zeit, den Konflikt selbst zu regeln und schreite ein, wenn es zu körperlicher oder verbaler Gewalt kommt. Jedes Kind sollte die Grundregeln der Konfliktlösung lernen. Bringe ihnen bei, respektvoll miteinander zu reden, Ich-Botschaften zu verwenden und sich, wie in Kapitel 4 beschrieben, eine Auszeit zu nehmen, wenn die Situation zu eskalieren droht. Halte dir stets vor Augen, dass deine Kinder diese Fähigkeiten erst im Laufe der Zeit und mit zunehmendem Alter erlernen. Es handelt sich dabei um Funktionen des oberen Gehirns, daher sind kleine Kinder manchmal schlicht nicht in der Lage, deiner Logik und deinen Argumenten zu folgen. Trotzdem ist es gut, über Konfliktlösung zu reden und sie zu praktizieren, auch wenn du von deinem Kind noch nicht erwarten kannst, sie zu beherrschen. Bleib am Ball, bringe den Kindern Grenzen bei und halte daran fest. Lass dich nicht entmutigen. (In Kapitel 9 gehe ich näher auf das Setzen und Einhalten von Grenzen ein.) Oft sind es die Erwachsenen, die noch an ihrem Kommunikationsverhalten und friedlichen Konfliktlösungsstrategien arbeiten müssen. Ein guter Grund, bei deinen Kindern besonders früh damit anzufangen! Wir Eltern sind es, die den Grundstein für die Zukunft legen!

Diskussionspunkte

- Welches Temperament hast du? Welches hat dein Partner? Und dein Kind? Wie könnt ihr Respekt und Toleranz fördern?
- Stimmen deine Erwartungen, Gewohnheiten und Einstellungen mit deinen Werten überein?
- Welche wiederkehrende Aktivität in deiner Familie würde runder und reibungsloser laufen, wenn ihr eine feste Routine einführen würdet?
- Was, gesetzt den Fall, dass es etwas gibt, hält dich davon ab, eine konsequente Routine zu etablieren?
- Nenne mindestens fünf Rituale, die du in eure Familienkultur integrieren willst.
- Vergleicht ihr gelegentlich eure Kinder miteinander? Sprecht darüber, wie ihr Vergleiche, die ihre Rivalität befeuern, bewusst vermeiden könnt.
- Es ist wichtig, wahrzunehmen und wertzuschätzen, wenn sich Geschwister gut vertragen. Tust du dies schon? Kannst du es einrichten, täglich darauf zu achten und Veränderungen eine Woche lang schriftlich zu dokumentieren?

Praktische Anwendung

Das Fundament des Familienlebens, von dem ihr träumt, ist die Vision, die du und dein Partner habt, sowie das Vertrauen und die Bindung, die zwischen euch und euren Kindern herrschen. In Form des Familienmodells bringt ihr eure Vision für jedes Familienglied gut verständlich zu Papier. Da jeder bei seinem Entwurf mitmacht, wird es zur Vision der ganzen Familie, die nun ein konkretes Ziel vor Augen hat. Sprecht oft über euren Entwurf. Auf Familienkonferenzen könnt ihr ihn gut überdenken. Wenn ihr das Familienmodell in eine Schublade packt und vergesst, wird es seinen Zweck nicht erfüllen. Es will jeden Tag diskutiert, gelebt und bei Familienkonferenzen angesprochen werden. So kommst du deiner Traumfamilie ein ganzes Stück näher:

1. Hänge euer Familienmodell an einer für alle gut sichtbaren Stelle in eurem Zuhause auf.
2. Besprecht es mindestens einmal im Monat auf einer Familienkonferenz
3. Rufe deinem Kind euer Familienmodell in Erinnerung, wenn du es zurechtweist, indem du zum Beispiel sagst: »Wir haben uns in unserem Leitbild darauf geeinigt, freundlich miteinander zu sein. Es ist nicht freundlich, wenn du deinen Bruder als dumm bezeichnest. Das ist nicht das Verhalten, auf das wir uns geeinigt haben.«

In Frage 5 der Diskussionspunkte solltest du fünf Rituale für eure Familie auflisten. Beginne gleich damit, diesen Plan in die Tat umzusetzen. Wenn du beispielsweise einen Spieleabend einführen willst, plane am kommenden Wochenende einen ein. Recherchiere im Internet nach Spielen oder kaufe ein Brettspiel, das deiner Familie Spaß machen könnte. Deine Einstellung gegenüber dieser neuen Tradition wird auf die anderen abfärben, zeige daher deine Vorfreude möglichst offen, wenn du deinen Lieben deinen Plan mitteilst.

Wenn Geschwisterrivalität bei euch zu Hause ein Thema ist, empfehle ich dir das Buch *Hilfe, meine Kinder streiten: Wie Sie Kindern helfen, einander zu respektieren* von Adele Faber und Elaine Mazlish sowie den bereits erwähnten Titel *Peaceful Parent, Happy Siblings* von Dr. Laura Markham. Im Folgenden findest du erste Maßnahmen für mehr Frieden in eurem Zuhause:

- Achte bewusst darauf, ob du nicht unabsichtlich durch deine Worte oder Taten die Rivalität unter deinen Kindern anstachelst.

- Finde an jedem deiner Kinder Eigenschaften, die du als besonders positiv herausstellst.
- Ziehe klare Grenzen in puncto verbaler und körperlicher Gewalt. Streitereien lassen sich nicht verhindern. Beschimpfungen, Aggression und Schikane jeglicher Art hingegen sind tabu. Mache deinen Kindern klar, dass dies in eurem Zuhause nicht toleriert wird. In Kapitel 9 findest du Informationen, wie du Grenzen ohne Bestrafung durchsetzen kannst.

Es sind nicht immer die großen Momente im Leben, die deine Familie und deine Kinder prägen, sondern auch euer ganz normaler Alltag. Die Umgebung, in der sie aufwachsen, ihre zwischenmenschlichen Beziehungen sowie eure Familientraditionen und tägliche Routinen drücken ihrer Kindheit einen Stempel auf. Unsere Kinder können sich glücklich schätzen, Eltern zu haben, die sich liebevoll um eine positive Familienkultur, gesunde Beziehungen und einen glücklichen Alltag bemühen. Wir ermöglichen ihnen eine glückliche Kindheit. Es hat nichts Glamouröses, Gutenachtgeschichten vorzulesen, aufgeschürfte Knie zu küssen, Rotznasen zu putzen und Babys in den Schlaf zu wiegen, aber auf der anderen Seite gibt es wohl kaum eine wichtigere Arbeit als Elternarbeit, da wir damit für eine bessere Zukunft der Menschheit sorgen.

Um meine Ziele im Blick zu behalten, habe ich folgenden Trick: Ich notiere mir jeden Abend drei Ziele für den kommenden Tag. Ich hefte sie in einem Ordner ab, der aufgeschlagen auf unserem Küchentisch liegt und an dem ich unzählige Male am Tag vorbeikomme. Halte deine Ziele knapp, einfach, sinnvoll und leicht umsetzbar. Gehe in deinem Kopf den kommenden Tag durch und überlege, wie du in eurem Zuhause für mehr Frieden und Ruhe sorgen könntest. Hier findest du ein paar Beispiele, die dir den Anfang erleichtern.

- Ich werde mindestens 30 Minuten lang mit meinem Kind spielen, ohne mich ablenken zu lassen.
- Ich werde drei Mal tief durchatmen, bevor ich auf etwas reagiere, das mich ärgert.
- Ich werde meinem Mann sagen, wie sehr ich ihn liebe.
- Ich werde mir heute Zeit nur für mein Kind reservieren.
- Ich werde Social Media erst dann nutzen, wenn die Kinder im Bett sind.
- Ich werde auf dem Spielplatz nicht auf der Bank sitzen, sondern mit meinen Kindern spielen.
- Ich lasse mir heute Abend irgendetwas Romantisches für meinen Mann einfallen.
- Ich werde mich heute ausgewogen ernähren und nicht nur die Reste der Kinder essen.
- Ich werde heute mindestens 30 Minuten Sport machen.
- Ich werde mein Denken nicht von negativen Gedanken bestimmen lassen.
- Ich werde mich heute für die Liebe entscheiden.
- Ich werde mich heute Abend mit einem Vollbad bei Kerzenlicht verwöhnen.
- Ich werde heute glücklich sein.

7

Sieh deine Kinder in einem neuen Licht

Ich fühlte mich traurig und überfordert und das schon seit Tagen. Irgendwann übermannten mich meine Gefühle und ich konnte meine Tränen nicht mehr zurückhalten. Während meine beiden Jungs Superhelden spielten, schlich ich mich ins Schlafzimmer, ließ mich aufs Bett fallen und dachte, mich den Blicken meiner Superhelden schon entziehen zu können, wenn sie am Schlafzimmer vorbeikämen. Ich begann hemmungslos zu schluchzen. Die Tränen flossen in Strömen, bis meine Augen ganz verquollen waren und meine Nase eine rötliche Färbung annahm. Mein Sechsjähriger kam herein und schaute mir ins Gesicht. Er nahm seine Maske ab, legte sein Schwert aufs Bett, setzte sich ohne ein Wort neben mich und schlang seine Arme um mich. Seine Umarmung dauerte mehrere Minuten, sein liebevoller Blick und seine sanfte Umarmung sagten alles, was in diesem Moment zu sagen war. Da zeigte sich mir seine reine Kinderseele.

Ich habe seine reine Seele nicht immer gesehen. Drei Jahre zuvor war alles ganz anders. Damals konzentrierte ich mich so sehr auf sein Fehlverhalten, dass ich sein großes Mitgefühl für seine Mitmenschen und für Tiere, seinen wunderbaren, sensiblen Charakter überhaupt nicht wahrnahm. Ich war den ganzen Tag lang damit beschäftigt, ihn zurechtzuweisen und ihn immer und immer wieder in Time-outs zu schicken. Ich glaubte, jeden noch so kleinen Regelverstoß ahnden zu müssen, um ihn, so warnte man mich, nicht zu verziehen. Unsere Tage waren tränenreich und voller Machtkämpfe. Ich vermisste die enge Bindung, die wir zueinander hatten, als er ein Baby war. Dabei wollte ich ihn einfach nur eng umschlungen auf dem Schoß halten und ihm liebevoll übers Haar streicheln. Doch unsere Realität war geprägt von erbitterten Machtkämpfen und unsere Bindung war schwächer als je zuvor. Es brach mir das Herz, und ich fing an, nach Antworten zu suchen – Antworten, die mich zum *Positive Parenting* brachten.

Ich wende diese Erziehungsmethode nun seit sechs Jahren an, nicht perfekt, aber konsequent. Wenn meine Jungs in der Öffentlichkeit typisch kindliches Verhalten an den Tag legen, zum Beispiel laut und schallend lachen, bis die Leute anfangen, in unsere Richtung zu schauen, steigt mir immer noch die Röte ins Gesicht, und ich verspüre den Drang, sie zu ermahnen, schnell still zu sein. Doch dann erinnere ich mich daran, dass es in Ordnung ist, wenn sich Kinder wie Kinder verhalten, und dass wir vielleicht alle glücklicher wären, wenn wir ein bisschen mehr wie Kinder wären – wenn wir ein bisschen lauter lachten, ein bisschen mehr spielten, wenn wir staunend den Wind in unserem Gesicht spürten und uns die Zeit nähmen, wahrzunehmen, wie gut es sich anfühlt, unsere getakteten Erwachsenenleben ein bisschen zu entschleunigen und die Welt wieder mit den Augen eines Kindes zu sehen.

Ich realisierte: Kinder kommen nicht mit schlechten Absichten auf die Welt. Sie kommen nicht zu uns, um uns fix und fertig zu machen, unsere Geduld auf die Probe zu stellen oder uns zur Weißglut zu treiben. Sie kommen zu uns mit dem Bedürfnis nach Liebe, Verbindung und Zugehörigkeit. Doch bislang hieß es immer, dass Kinder sich diese Dinge bei uns Erwachsenen erst verdienen müssen, indem sie unsere Regeln befolgen und unseren Befehlen gehorchen. Wir geben ihnen diese Dinge nicht bedingungslos. Was würde passieren, wenn wir es täten? Was, wenn wir auf die Bedürfnisse ihrer kleinen

Menschenherzen eingingen und ihnen niemals androhen würden, sie leer ausgehen zu lassen? Stelle dir nur vor: eine ganze Generation von glücklichen Herzen!

Stelle dir eine Welt vor, in der wir uns dazu entschlössen, Kinder in einem anderen Licht zu sehen. Was, wenn wir sie mit derselben Ehrfurcht und demselben Staunen betrachteten, wie in dem Moment, als sie uns zum ersten Mal in die Arme gelegt wurden? Was, wenn wir negativen Warnungen vor dem Trotzalter und anderen furchterregenden Botschaften nicht erlauben würden, in unsere Gehirne einzudringen und unsere Wahrnehmung zu verzerren?

Ist es uns möglich, die Beweggründe unserer Kinder als das zu sehen, was sie sind, und nicht als hinterhältig? Gelingt es uns, unsere Kinder als wahren Segen zu empfinden, als Wesen, die lieben und lernen?

Ja, wir können es, wenn wir sie bewusst als solche wahrnehmen. Die Art und Weise, wie wir unsere Kinder wahrnehmen, entscheidet über unsere Beziehung zu ihnen.

Unglücklicherweise ist die negative Sichtweise von Kindern in unserer Kultur tief verankert. Sie ist der Grund, warum wir uns so schlecht in sie hineinversetzen können. Wir interpretieren ihren Wunsch, mit uns in Verbindung zu treten, als übertriebenes Bedürfnis nach Aufmerksamkeit, ihre Liebe als Anhänglichkeit, ihr Bedürfnis zu lernen als Ungehorsam und ihren Wunsch sich weiterzuentwickeln als Trotz.

Wir halten unsere Kinder für manipulativ, hinterhältig und egoistisch, wobei unser Umgang mit ihnen auf dieser Sichtweise aufbaut.

Oft reduzieren wir Kinder nur auf ihr Verhalten. Aber Kinder sind mehr als ihre Fähigkeit durchzuschlafen. Sie sind mehr als ihre Bereitschaft, sofort zu gehorchen. Sie sind mehr als ihre Noten. Sie sind mehr als eine Stimmungslage. Sie sind mehr als das Verhalten, das sie zu einem beliebigen Zeitpunkt zeigen, mehr als das, was wir auf der Oberfläche sehen. Sie sind menschliche Wesen – chaotisch und schön, wild und leidenschaftlich. Sie sind es wert, dass wir sie kennenlernen und nicht nur wahrnehmen.

Lass uns einen intensiven Blick darauf werfen, was es bedeutet, ein Kind zu sein, und nicht nur, was es braucht, um eines zu erziehen. Unsere Gesellschaft erwartet von Kindern, dass sie sich wie kleine, reife Erwachsene benehmen. Dies setzt ihre Eltern ungemein unter Druck, ihre Kinder dazu zu bringen, sich gut zu benehmen, besonders in der Öffentlichkeit. Aber Kinder sind keine kleinen Erwachsenen. Ihre Gehirne müssen sich erst noch entwickeln. Oftmals bestrafen wir sie für etwas, das sie überhaupt nicht kontrollieren können: ihr unterentwickeltes Gehirn. Wir unterstellen ihnen schlechte Absichten, doch in Wahrheit stimmt das gar nicht.

Lass uns einen intensiven Blick darauf werfen, was es bedeutet, eine Kind zu sein, und nicht nur, was es braucht, um eines zu erziehen.

Die Erwartungshaltung, Kinder müssen sich wie Erwachsene verhalten, führt zwangsläufig zu großer Enttäuschung, weil sich Kinder wie Kinder verhalten. Viele Eltern scheinen sich damit zu trösten, ihre Enttäuschung mit anderen Eltern zu teilen, manchmal sogar in Gegenwart des Kindes. Eltern behaupten, dass sie sich dann besser fühlten, weil sie wüssten, nicht alleine zu sein. Doch ich frage mich, ob sie nur einen Moment daran gedacht haben, wie ihr Kind sich dabei fühlt?

Erst kürzlich hörte ich Eltern in Anwesenheit ihrer Kinder Folgendes sagen:

»Ich kann es kaum mehr erwarten, bis die Schule wieder anfängt«, stöhnte eine Mutter, »den ganzen Sommer lang hat er mich an den Rande des Wahnsinns getrieben!« Ihr Sohn stand neben ihr und schaute in den Boden.

»Ist dein Kind brav? Also meins überhaupt nicht! Er ist eine solche Heulsuse«, gestand die Mutter eines Kleinkinds einer anderen im Wartezimmer des Kinderarztes.

»Meine sind verwöhnte Gören«, erzählte eine Mutter einer Dame in der Warteschlange. Ihre Kinder saßen im Einkaufswagen und konnten sie laut und deutlich hören.

Keines dieser Kinder sagte auch nur ein Wort. Keines machte seinen Mund auf und erwiderte, »Wow, Mama, es tut mir echt weh, wenn du so etwas sagst!« Nur weil Kinder noch nicht wortgewandt genug sind, um ihre Gefühle, ihre Scham und ihre tiefe Verletzung verbal zu äußern, heißt es noch lange nicht, dass sie diese nicht empfinden.

Warum finden wir es akzeptabel, so respektlos über unsere Kinder in deren Gegenwart zu sprechen? Denken wir wirklich, sie verstehen es nicht? Wie können wir einerseits denken, dass sie verletzende Worte wie »meine sind verwöhnte Gören« nicht verstehen, auf der anderen Seite aber selbstverständlich davon ausgehen, dass sie über viel komplexere Sachverhalte, wie etwa öffentliches Eigentum, Bescheid wissen? Oder glauben wir wirklich, dass unsere kränkenden Worte sie motivieren? Nochmals: Es handelt sich dabei um eine kulturelle Konditionierung. Leider ist es in unserer Kultur akzeptabel, Kinder so zu behandeln. Es wird förmlich von uns erwartet, uns darüber zu beschweren, wie nervig unsere Kinder sind und wie viel wir für sie aufgeben. Es scheint sich dabei um eine weitverbreitete Methode zu handeln, Kontakt zu anderen Eltern zu knüpfen. Ich aber wehre mich entschieden gegen den Gedanken, dass wir unsere Kinder motivieren, indem wir sie erniedrigen. Sollte öffentliches Bloßstellen tatsächlich als Motivation taugen, dann nur zu einem sehr hohen Preis.

Dr. Brené Brown widmete die vergangenen zwölf Jahre der Erforschung von Scham, Schuld und Verletzlichkeit. In ihrem Buch, *Die Gaben der Unvollkommenheit. Lass los, was du glaubst sein zu müssen und umarme, was du bist. Leben aus vollem Herzen,* sagt sie: »Scham, Schuldzuweisungen, Treuebrüche und das Vorenthalten von Zuneigung schaden den Wurzeln, aus denen Liebe entwächst.«[16] Kränkende Worte? Sie fügen Schaden zu. Brown bringt es auf den Punkt: »Tatsächlich habe ich in meinen Forschungsarbeiten herausgefunden, dass Scham den Teil von uns untergräbt, der glaubt, dass wir uns ändern und es besser machen können.«[17] Das ist wichtig. Das verdient unsere Aufmerksamkeit.

Wie alle Menschen, zeigen auch Kinder sich dann besonders kooperativ, wenn sie freundlich und respektvoll behandelt werden. Erwachsene reagieren nicht positiv auf Respektlosigkeit oder einen barschen Tonfall. Ist es so weit hergeholt anzunehmen, dass auch Kinder auf eine solche Behandlung nicht positiv reagieren? Stelle dir vor, wie es für dich wäre, wenn eine geliebte Person sich vor deinen Freunden negativ über dich äußern oder dir drohen würde. Ich bezweifle, dass es dich motivieren würde. Leider halten wir viel zu selten inne und denken darüber nach, wie sich unsere Kinder fühlen, wenn wir sie so behandeln. Für gewöhnlich sehen wir Kinder als unterlegen und nicht als unerfahren. Doch genau das sind sie, sie sind unerfahrene menschliche Wesen, die versuchen, aus dem, was wir ihnen geben, das Beste zu machen. Was gibt uns das Recht, mehr von ihnen zu erwarten?

Wenn wir belastbare, lang währende Bindungen zu unseren Kindern aufbauen wollen, müssen wir die Art und Weise, wie wir sie sehen, verändern. Es ist Zeit für einen kulturellen Wandel, und er beginnt bei dir und mir. Wir können davon ausgehen, dass unsere Kinder gute, nicht schlechte Absichten haben. Wir können ihr Verhalten als Kommunikation und nicht als Manipulation interpretieren.

Wir haben eine Wahl und können auf unsere innere Stimme hören. Höre nicht auf das Gezeter der anderen. Höre auf die leise Stimme deines Herzens. Kinder sind keine Tyrannen. Sie sind nicht unsere Feinde. Sie sind unsere über alles geliebten Kinder.

Ich habe mit großer Erleichterung festgestellt, dass es in Ordnung ist, zärtlich zu sein. Wer seine Kinder liebt, muss nicht hart sein. Zärtlich zu deinem Kind zu sein, bedeutet nicht, dass du ihm Tür und Tor öffnest und dich völlig zu überrennen. Ganz im Gegenteil, es ermöglicht ihm, neben dir zu gehen. Wenn es neben dir geht, versteht es, was du zu ihm sagst. Wenn du neben ihm gehst, kannst du es begleiten. Zärtlichkeit ist der Schlüssel zu Bindung, und Bindung ist der Schlüssel zu Erziehung. Und alles beginnt damit, unsere Kinder in einem neuen Licht zu sehen.

Höre nicht auf das Gezeter der anderen. Höre auf die leise Stimme deines Herzens. Kinder sind keine Tyrannen. Sie sind nicht unsere Feinde. Sie sind unsere über alles geliebten Kinder.

Kinder aus einem anderen Blickwinkel zu betrachten, bedeutet auch, Elternschaft aus einem anderen Blickwinkel zu betrachten. Anstatt die strenge Autoritätsperson zu sein (diese Rolle nehmen wir besonders dann an, wenn wir denken, dass Kinder etwas im Schilde führen), können wir unserem Kind auch eine Führungsfigur, eine Lehrerin sein. In dieser Rolle ist es viel leichter, eine Bindung aufzubauen. Anstatt ein Kind hart zu bestrafen (gemäß der weitläufigen Meinung ein Muss, um ein Kind zum Guten zu erziehen), können wir es ermutigen (weil wir verstanden haben, dass es schon gut ist).

Denke darüber nach. Die Menschen in unserem Leben, die über unsere Fehler hinwegsehen und unsere innere Schönheit sehen, die das Helle in uns erkennen, wenn wir drohen, an unseren dunklen Gefühlen zu ersticken, retten uns vor den Untiefen der Dunkelheit. Sie sind es, die uns helfen, unsere eigene Schönheit und unser Licht wiederzuentdecken. Gibt es einen solchen Menschen in deinem Leben? Wir alle brauchen jemanden, der unser Licht sieht. Jemanden, der unser Licht reflektiert, damit auch wir es wieder sehen können. So sollten Eltern sein.

Vielleicht fragst du dich, wie das alles bei mir funktioniert. Wir es meinen Kindern geht? Na ja, ich würde nicht behaupten, dass sie perfekt sind. Und ich würde das auch nicht über mich selbst behaupten. Was ich sagen kann, ist, dass sie wunderbare Menschen sind. Mein ältester Sohn kaufte seinem jüngeren Bruder von seinem Geburtstagsgeld ein Geschenk. Er meinte nur: »Ich habe genug, und ich möchte, dass mein Bruder glücklich ist.« Er ist Mitglied der Hilfsorganisation *Compassion International* und unterstützt ein bedürftiges Kind. Um den Monatsbeitrag aufbringen zu können, jobbt er. Neulich meinte er zu mir, dass er gerne alle Kinder unterstützen würde. Letztes Weihnachten stellten meine Jungs fest, dass ich zwar ihre Strümpfe gefüllt hatte, meiner aber leer war. Da füllten meine beiden sanft erzogenen Kinder meinen Strumpf heimlich mit handgeschriebenen Liebesbriefchen und Süßigkeiten, die sie noch von Halloween übrighatten. »Verwöhnte, respektlose Gören« würden sich wohl kaum so verhalten.

Ich denke, du verstehst, was ich meine: Manche Eltern messen ihren Erziehungserfolg an Noten, an Komplimenten Außenstehender für das gute Benehmen ihrer Kinder, an aufgeräumten Zimmern oder abgehakten Hausarbeitsplänen. Ich aber messe meinen Erziehungserfolg daran, wie mitfühlend und freundlich meine Kinder sind. Zum heutigen Zeitpunkt kann ich behaupten, dass ich mit *Positive Parenting* definitiv Erfolg habe. Abgesehen davon, dass meine Söhne gute Noten haben und sich »gut benehmen«, sind sie, und darauf kommt es mir an, empathisch und mitfühlend. Das ist es, was ich ihnen mit auf den Weg in die weite Welt geben möchte. Das ist es, was die Welt so dringend braucht.

Unser Zuhause ist ein sicherer Ort. Auch wenn meine Kinder manchmal streiten, vertragen sie sich schnell wieder und machen einfach weiter. Sie sind beste Freunde und ich habe nicht den leisesten Zweifel, dass sie für den Rest ihres Lebens aufeinander bauen können. Sie vertrauen uns. Wir vertrauen ihnen. Wir stehen uns sehr nahe, und jeder von uns weiß, dass er geliebt wird. Ich könnte mir nichts Schöneres wünschen.

Diskussionspunkte

- Wie nimmst du deine Kinder wahr? Wie beeinflusst deine Wahrnehmung die Art und Weise, wie du dein Kind behandelst?
- Hast du das Gefühl, dass deine Kinder unter Druck stehen, sich wie Erwachsene zu benehmen, speziell in der Öffentlichkeit? Ist dir ihr kindliches Verhalten peinlich? Was ist tatsächlich ein Problem: deine Erwartungen oder ihr Verhalten?
- Wie sprichst du in Gegenwart deiner Kinder über sie? Eher positiv und erbaulich oder herablassend? Bevor du losredest, solltest du dich zu fragen: Wie würde ich mich fühlen, wenn jemand so über mich reden würde?

Praktische Anwendung

Mein erster großer Schritt hin zu *Positive Parenting* war, die Sichtweise auf meinen Sohn und sein Verhalten zu ändern. Willst du für immer und ewig der Mensch im Leben deines Kindes sein, der sein Licht sieht und es als Reflektor auf es zurückstrahlt? Du beginnst damit, indem du nach positiven Beweggründen suchst, selbst wenn es etwas »Schlechtes« getan hat.

Die negative Interpretation der Beweggründe deines Kindes triggert negative Gefühle wie Wut, Scham oder Frustration bei dir. Vielleicht sorgst du dich, dass dein Kind ein schlechter Mensch wird, wenn du es nicht sofort korrigierst. Sind deine Trigger erst einmal aktiviert, hast du eine Rechtfertigung, dein Kind schlecht zu behandeln, da du dies ja tust, um es auf lange Sicht zu einem besseren Menschen zu machen. Also schimpfst du es aus, betonst seine Charakterschwächen und bewirkst, dass es sich defizitär fühlt. Unglücklicherweise kann dies einen Teufelskreis auslösen: Du strahlst deine negative Sichtweise auf dein Kind zurück, das diese in sein Selbstkonzept integrieren und sich selbst als schlechten Menschen sehen wird. Wir verhalten uns so, wie wir uns sehen, und so dreht sich der Teufelskreis immer weiter.

Wenn du deinem Kind gute Absichten unterstellst, erkennst du, dass es kein schlechter Mensch ist, sondern lediglich deine Unterstützung bei einem Problem braucht. Selbst wenn du erzieherisch eingreifen musst, werden dein Tonfall und Gestus völlig anders ausfallen, da du seine Beweggründe anders bewertest. Dein Kind als guten Menschen mit positiven Beweggründen zu sehen, der einfach nur eine schlechte Entscheidung getroffen hat, erlaubt es dir, Mitgefühl zu zeigen. So kann dein Kind deine Zurechtweisung annehmen, ohne dass sein Selbstwertgefühl darunter leidet.

Wir verhalten uns so, wie wir uns sehen.

Lass uns mit Blick auf ein und denselben Vorfall zwei unterschiedliche Sichtweisen einnehmen. Mason kommt zu dir gerannt und erzählt dir, dass seine Schwester Mia absichtlich roten Fruchtsaft ausgespuckt hat. Mia streitet es ab. Ihre Lippen sind rot verfärbt: Du weißt, dass sie Fruchtsaft getrunken hat.

Negative Sichtweise: Sie ist eine hinterhältige, kleine Lügnerin! »Du Lügnerin! Ich sehe doch, dass dein Mund ganz rot ist vom Saft! Mason hat die Wahrheit gesagt! Warum warst du nicht ehrlich? Ich bin sehr enttäuscht von dir. Es ist falsch, zu lügen.«

Du willst bestimmt nicht, dass dein Kind den Stempel »Lügner« aufgedrückt bekommt. Doch wenn ein Kind sich selbst für verlogen hält, wird es sich zum Lügner entwickeln. Wenn es fürs Lügen bestraft wird, wird es mit der Zeit zu einem hinterhältigen Lügner. Selbsterfüllende Prophezeiung! Du hast das herbeigeführt, was du tunlichst verhindern wolltest.

Positive Sichtweise: Sie will nicht in Schwierigkeiten geraten oder mich enttäuschen. »Hm. Ich sehe deine knallroten Lippen. Ich schätze es sehr, wenn du ehrlich bist. Hast du den Saft unabsichtlich verschüttet beim Trinken? Ich verschütte auch manchmal etwas unabsichtlich. Halb so wild. Aber jetzt müssen wir ihn aufwischen. Komm und hilf mir.«

Findest du nicht auch, dass zwischen dem Tonfall in Szenario eins und zwei Welten liegen? Im ersten hat Mia wahrscheinlich das Gefühl, ein furchtbarer Mensch zu sein. Im zweiten ist es zwar durchaus möglich, dass sie ein schlechtes Gewissen hat, weil sie den Saft verschüttet hat. Aber sie wird weder bloßgestellt noch ausgeschimpft. Sie wischt ihre Sauerei auf, und alles ist wieder gut.

Lass uns noch einen kurzen Blick auf Mason werfen. Er hat seine Schwester »angezeigt«, weil sie Saft verschüttet hat. Im ersten Szenario wird die Geschwisterrivalität verstärkt und die Motivation, sich gegenseitig zu verpetzen, gefördert. Mason wird für seine Ehrlichkeit gelobt. Nun wird er nach weiteren Möglichkeiten suchen, um seine Schwester zu verpetzen. Mia hat nicht nur sich selbst gegenüber schlechte Gefühle, sondern ärgert sich auch über ihren Bruder. Im zweiten Szenario bekommt Mason einfach mit, wie für ein Problem eine Lösung gefunden wird. Er sieht, dass Probleme keiner Bestrafung, sondern einer Lösung bedürfen und schlussfolgert daraus, dass Petzen nichts bringt. Mason ist an der Unterhaltung zwischen dir und Mia nicht beteiligt, wodurch die Geschwister keinen Grund haben, miteinander zu rivalisieren.

Deine Aufgabe ist es, nach den positiven Motiven, die sich hinter dem Verhalten deines Kindes verbergen, zu fragen. Wenn dein Kind spürt, dass du an das Gute in ihm glaubst, wird es sich auch selbst für einen guten Menschen halten.

8

Die Erziehung emotional gesunder Kinder

Wie ich bereits in Kapitel 4 erläutert habe, haben viele von uns gelernt, ihre Liebe an Bedingungen zu knüpfen. Uns wurde eingetrichtert, dass bedingungslose Liebe Kinder »verweichlicht« und verzieht. Daher gründen viele herkömmliche Erziehungsmethoden auf der Idee, bloß nicht zu liebevoll mit Kindern zu sein. Es kursieren die wildesten Theorien darüber, was passiert, wenn wir sie zu sehr »schonen«. Für viele Eltern ist es nicht leicht, diese ständig auf sie einprasselnden Stimmen auszublenden und wieder auf ihr Bauchgefühl zu hören.

Ich möchte nochmals betonen, dass *Positive Parenting* nicht bedeutet, Kinder zu verhätscheln und auf Zehenspitzen um sie herumzuschleichen, um sie auch ja nicht zu verärgern. Es bedeutet auch nicht, keine Grenzen zu setzen. Ziel ist es, emotional gesunde Kinder mit einem positiven Selbstwertgefühl großzuziehen, und dabei spielt bedingungslose Liebe die entscheidende Rolle.

Der Psychologe Carl Rogers hat das Bedürfnis nach bedingungsloser Liebe erkannt. Er bezeichnete sie als *bedingungslos positive Wertschätzung*. Nach Rogers beeinflussen vornehmlich zwei Faktoren das Selbstkonzept eines Menschen: Erfahrungen in der Kindheit und die Bewertung durch andere. Laut Rogers Theorie ist es unser Ziel, unser Verhalten und unsere Gefühle mit unserem Selbstkonzept in Übereinstimmung zu bringen. Demnach habe ein Kind zwei Grundbedürfnisse: positive Wertschätzung durch andere und ein positives Selbstwertgefühl. Laut

Rogers können Kinder mit positivem Selbstwertgefühl gut mit Herausforderungen, Niederlagen und phasenweise auch mit Trauer umgehen. Sie sind weltoffen, während Kinder mit geringem Selbstwertgefühl Herausforderungen meiden und es als problematisch empfinden, dass das Leben auch Niederlagen und Schmerzen bereithält. Sie verhalten sich daher eher abwehrend und menschenscheu. Rogers vertrat die Meinung, dass das Selbstwertgefühl eines Kindes auf der Wechselbeziehung mit seinen Eltern basiert. Nach Rogers ist es wichtig, dass wir von anderen positiv wahrgenommen werden. Wertschätzung und Respekt durch andere seien dabei unerlässlich. Wir brauchen das Gefühl, geliebt zu werden. Dabei unterschied Rogers zwischen bedingungsloser und bedingter positiver Wertschätzung. Bedingungslose positive Wertschätzung bedeutet bedingungslose Liebe: Die Eltern akzeptieren ihr Kind, so wie es ist; und entziehen ihm ihre Wertschätzung auch dann nicht, wenn es sich falsch verhält oder einen Fehler macht.

Bedingte positive Wertschätzung meint, dass das Kind nur dann die Anerkennung seiner Eltern bekommt, wenn es ihren Erwartungen entspricht. Bei Fehlern wird ihm die Anerkennung entzogen. Das Kind wird also nicht so geliebt wie es ist, sondern nur unter der Bedingung, dass es mit seinem Verhalten die Eltern glücklich macht.[18]

Da bedingungslose Liebe und emotionale Gesundheit Hand in Hand gehen, ist es höchste Zeit, konventionellen Erziehungsmethoden, die mit Liebesentzug arbeiten, den Rücken zu kehren, und sich mit aller Entschlossenheit einer Erziehung zuzuwenden, in der Liebe nicht an Bedingungen geknüpft ist. Für mich ist es eine mutige Liebe, da es Mut braucht, gegen den Strom zu schwimmen. Es braucht Mut, ins kalte Wasser zu springen und blind zu vertrauen. Es braucht Mut, alte Denkmuster aufzugeben. Die Welt braucht mutige Eltern, die emotional gesunde Kinder erziehen.

Es ist Zeit, dass wir uns gegen Methoden wenden, die erwiesenermaßen zur emotionalen Misshandlung von Kindern beitragen. Leider ist derzeit ein gegenläufiger Trend auszumachen. Die Erniedrigung von Kindern im Namen der Disziplin wird als gute Erziehung verkauft. Mobbing in Schulen oder im Internet finden wir abscheulich, dabei mobben wir bei uns zu Hause selbst. Wenn nicht Eltern die Täter sind, leuchtet es uns ein, dass es eine Verbindung zwischen Mobbing und Suizid gibt und dass Demütigung und Erniedrigung der Seele großen Schaden zufügen. Mobben Eltern aber im Sinne der Erziehung, ist es okay.

Es ist nicht okay. Um emotional gesunde Kinder zu erziehen, müssen wir uns von der Angst frei machen, dass bedingungslose Liebe sie zu schlechten Menschen macht. Daher ist es so wichtig, zu verstehen, was bedingungslose Liebe bedeutet, da sie meiner Meinung nach nur allzu oft mit einer Liebe, die keine Grenzen setzt, verwechselt wird. Es kursiert das Vorurteil, dass bedingungslose Liebe ein Synonym für eine Erziehung ist, in der jedes beliebige Verhalten mit einer Umarmung belohnt und nicht korrigiert wird. Dieser Irrglaube wird von diffusen Ängsten befeuert und führt dazu, dass der harte, autoritäre Erziehungsstil nach wie vor breite Anerkennung findet.

Es ist Zeit, dass wir uns gegen Methoden wenden, die erwiesenermaßen zur emotionalen Misshandlung von Kindern beitragen.

Es ist möglich und sogar unerlässlich, dass bedingungslos liebende Eltern ihre Kinder auch korrigieren. Wenn du deinem Kind klare, unerschütterliche Grenzen setzt, zeugt dies von deinen Führungsqualitäten und bringt dir Respekt ein. Wenn du deinem Kind deine starke, unerschütterliche Liebe zeigst, wird es einen positiven Selbstwert entwickeln.

Es gibt weitere Wege, dein Kind bei der Entwicklung eines positiven Selbstwertgefühls zu unterstützen:

- Zeige ihm deine Zuneigung körperlich.
- Setze eine positive Körpersprache ein. Neige dich deinem Kind zu, wenn du ihm zuhörst, schaue ihm in die Augen, lächele und nicke zustimmend und gib ihm das »Daumenhoch-« oder »High-five-Zeichen«.
- Sprich positiv über dein Kind. Ermutige und bestärke es.
- Schenke deinem Kind im Gespräch deine ungeteilte Aufmerksamkeit und registriere es herzlich, wenn es den Raum betritt.
- Schaffe eine positive Umgebung für dein Kind, in der es ganz es selbst sein darf.
- Stärke sein Zugehörigkeitsgefühl, indem du die Bindungen innerhalb eurer Familie stärkst und Traditionen einführst. Auch die Mitgliedschaft in verschiedenen Gruppen außerhalb der Familie, etwa bei den Pfadfindern oder im Sportverein, ist förderlich.
- Passe deine Erwartungen den Fähigkeiten und dem Entwicklungsstadium deines Kinds an.
- Sorge für eine Atmosphäre, in der dein Kind seine Meinung und Gefühle in der Gewissheit äußern kann, dass es Gehör findet und respektiert wird.
- Übertrage ihm altersgemäße Verantwortung und fördere seine Unabhängigkeit.

Es ist möglich und sogar unerlässlich, dass bedingungslos liebende Eltern ihre Kinder auch korrigieren.

Wenn du an deinem Kind Anzeichen für ein geringes Selbstwertgefühl entdeckst, fange damit an, es Tag für Tag aufzubauen, indem du es bedingungslos liebst und die oben genannten Ideen umsetzt. Behandle seine Fehler als Chancen, sich zu verbessern und weiterzuentwickeln, betone seine individuellen Stärken, akzeptiere es, so wie es ist, und sage ihm jeden Tag: »Ich liebe dich, ich glaube an dich und du bist wichtig.«

Folgendes Verhalten weist auf ein geringes Selbstwertgefühl hin und sollte dich aufmerksam werden lassen. Dein Kind:

- meidet Herausforderungen,
- gibt schnell auf,
- hat nervöse Ticks,
- wird von anderen ausgeschlossen
- flippt häufig aus,
- macht sich übermäßige Sorgen über die Meinung anderer oder reagiert besonders sensibel darauf,
- spricht negativ über sich selbst.

Emotional gesunde Kinder großzuziehen bedeutet mehr, als die Entwicklung eines guten Selbstwertgefühls zu fördern. Es herrscht weitläufige Übereinstimmung darüber, dass Kindheitserinnerungen für die emotionale Gesundheit eine entscheidende Rolle spielen. Dies gilt auch für die Etablierung sicherer Bindungen und innerhalb der Familie gesammelte Erfahrungen. Positive innerfamiliäre Beziehungen und Erfahrungen wirken sich positiv auf die emotionale Gesundheit aus. Wichtiger Teilaspekt ist hierbei eine positive Kommunikation. In meinem Buch bin ich bereits auf jedes dieser Themen eingegangen, was bedeutet, dass du dich schon auf einem guten Weg befindest, emotional gesunde Kinder zu erziehen. Weitere Einflussfaktoren, die ich nicht behandeln werde, sind schulische Einflüsse, soziale Interaktionen außerhalb der Familie und genetische Prädispositionen.

Achtsame Eltern fällen in Hinblick auf die Schule ihrer Kinder achtsame Entscheidungen. Recherchiert, bevor ihr euch eine Meinung bildet, wägt Vor- und Nachteile ab und fällt erst dann eure Entscheidung. Es gibt Alternativen zu der öffentlichen Schule gleich um die Ecke. Egal wie eure Wahl auch ausfällt, wird euer Kind wachsen und gedeihen, wenn ihr positiv, unterstützend und ermutigend bleibt und immer ein offenes Ohr für es habt. Ermöglicht eurem Kind, an außerschulischen Aktivitäten teilzunehmen, wie etwa Sport, Ehrenämter, Kunstprojekte oder Musik. Hier erlebt es das positive soziale Miteinander. Bringt eurem Kind emotionale Intelligenz bei, also die Fähigkeit, eigene Gefühle zu benennen und damit umzugehen sowie die der anderen wahrzunehmen und zu verstehen.

Ein Kind muss emotional gesund sein, um sein volles Potenzial ausschöpfen zu können. Es braucht das Gefühl, von seinen Eltern bedingungslos geschätzt, respektiert und geliebt zu werden. Wir sollten uns immer darüber im Klaren sein, dass wir die Baumeister seines Selbstwertgefühls sind. Verabschiedet euch von Erziehungsmethoden, die dem Selbstwertgefühl eures Kindes schaden, und lernt, wie ihr seine emotionale Gesundheit fördert. Wenn wir uns nur trauen, können wir eine Generation von Kindern großziehen, die weiß, wie es sich anfühlt, vollwertig zu sein.

Diskussionspunkte

- Welche Ängste hast du beim Gedanken an bedingungslose Liebe?
- Finde heraus, ob dein Kind derzeit ein positives oder negatives Selbstwertgefühl hat.
- Diskutiert, ob ihr momentan euer Kind eher aufbaut oder runterzieht und wie ihr in dem Bereich besser werden könnt.
- Sprich mit deinem Partner über Möglichkeiten, wie ihr euer Kind zugleich bedingungslos lieben und korrigieren könnt. Stellt euch besonders die Frage, wie ihr euer Kind korrigieren und ihm dabei vermitteln könnt: »Was du getan hast, war falsch« und nicht »mit dir ist etwas falsch«.

Praktische Anwendung

Du setzt die Empfehlungen dieses Kapitels bereits um, seit du dieses Buch zur Hand genommen hast. Einer der riesigen Vorteile von *Positive Parenting* ist, dass es die emotionale Gesundheit fördert. Auch deine emotionale Gesundheit ist wichtig! Ich gebe dir ein paar Tipps, wie du deine eigene emotionale Gesundheit verbessern kannst.

- Pflege deine Freundschaften. Es ist wichtig, dass du dich mit positiven Menschen, die dich unterstützen, umgibst.
- Finde etwas, das du leidenschaftlich gerne tust: Gartenarbeit, Scrapbooking, Malen, Sammeln – wofür brennst du?
- Meditiere, bete und/oder praktiziere Yoga, um Stress zu bekämpfen und deine Stimmung zu verbessern.
- Bürde dir nicht zu viel auf. Du kannst dich nicht zweiteilen! Versuche erst gar nicht, die Arbeit von zehn Leuten zu machen.
- Höre auf, selbstkritisch zu sein. Behandle dich selbst so, wie du deine Kinder zu behandeln versuchst: empathisch, respektvoll und sanft.
- Mache etwas, wofür du dich selbst magst: Arbeite ehrenamtlich im Tierheim oder für eine Tafel. Für andere da zu sein, verbessert das Selbstwertgefühl.
- Sei optimistisch und dankbar. Zeige es auch.

Ich werde dir jetzt nicht raten, auf ausreichend Schlaf zu achten, da du dann wahrscheinlich das Buch in die Ecke schmeißt. Du bist Mutter. Ich weiß. Versuche, ein bisschen zu schlafen.

Spieglein, Spieglein …

Lass dein Kind in einen Spiegel schauen und bitte es, das passende Gesicht zu folgenden Situationen zu machen. So kann es auf spielerische Art und Weise seine emotionale Intelligenz schulen.

- Dir ist dein Eis auf den Boden gefallen. (Traurig)
- Du fährst in den Urlaub. (Aufgeregt)
- Deine Freundin kann dich nicht besuchen. (Enttäuscht)
- Du hörst ein unheimliches Geräusch. (Verängstigt)
- Jemand hat sich dein Spielzeug geschnappt. (Wütend)
- Du öffnest ein Geschenk. Genau das hast du dir gewünscht! (Überrascht)
- Du kannst deine Schnürsenkel nicht binden. (Frustriert)
- Du bist eine Stunde lang herumgelaufen. (Müde)
- Mach dein typisches Gesicht!

Sei ein Schauspieler!

Bitte dein Kind, Situationen nachzuspielen, die bei ihm diese Gefühle hervorrufen:

- Glücklich
- Besorgt
- Traurig
- Aufgeregt
- Verängstigt
- Frustriert
- Fröhlich
- Wütend
- Stolz
- Verärgert
- Beschämt
- Enttäuscht
- Schüchtern
- Nervös
- Müde
- Überrascht

9

Tausche Bestrafung gegen Lösungen

Um uns von der Notwendigkeit zu bestrafen frei machen zu können, müssen wir verstehen, dass kindliches Fehlverhalten ein Hilferuf ist. Unser Kind teilt uns auf diesem Weg mit, dass es sich mit irgendetwas nicht wohlfühlt. Bestrafung ist per definitionem eine Handlung, die einem anderen bewusst Leid zufügt. Man hofft, dass der beim Kind hervorgerufene Schmerz so groß ist, dass dieses sich zukünftig sehr gut überlegen wird, eine bestimmte Handlung zu wiederholen.

In unserer Gesellschaft ist es nichts Außergewöhnliches, Kinder mittels Schmerz zu erziehen. Ein kleiner Schlag auf die Hand. Ein Klaps auf den Hintern. Physischer Schmerz. Psychischer Schmerz. Sozialer Schmerz. Wir lassen uns von dem Irrglauben leiten, dass es richtig ist, weil es funktioniert. Natürlich funktioniert es – zumindest eine Zeit lang – weil Kinder die biologische Veranlagung und das Bedürfnis haben, mit ihren Eltern Bindungen aufzubauen und deren Infragestellung als bedrohlich empfinden.

Schmerz zu vermeiden, ist ein natürlicher Instinkt, daher gehorcht ein Kind seinen Eltern auch aus Angst vor Schmerzen. Doch lernen kann es so nicht. Bei Schmerzen, Angst oder wenn die Trennung von einer primären Bezugsperson droht, wird die »Kampf-oder-Flucht-Reaktion« aktiviert, das denkende Hirn wird umgangen, was einen Lernprozess unmöglich macht.

Wir sollten nicht nur die Effektivität von Bestrafung infrage stellen, sondern auch die Annahmen, die ihr zugrunde liegen.

Dazu gehört die Ansicht, Kinder seien grundsätzlich schlecht und ohne die Androhung von Strafe immer darauf aus, Schaden anzurichten. Aufgrund dieser negativen Sichtweise nehmen wir das Verhalten unserer Kinder verzerrt wahr, was uns in Hinblick auf ihre Erfahrungen weniger empathisch werden lässt. Der Glaube, Kinder seien von Natur aus schlecht, liefert uns eine Rechtfertigung, ihnen Schlechtes zuzufügen, um sie besser zu machen. Doch damit befinden wir uns auf dem Holzweg, der zu Entfremdung und zerstörten Bindungen führt.

Lass mich an dieser Stelle nochmals betonen, dass *Positive Parenting* keine permissive Methode ist. Die Lektion, dass unser Handeln Konsequenzen nach sich zieht, ist für Kinder enorm wichtig. Manchmal kann es Teil der Lösung sein, dass ein Kind die Konsequenzen seines Fehlverhaltens erfährt. Doch erklärtes Ziel bleibt es, Bestrafung nicht bei jedem Regelverstoß als Mittel der Wahl zu betrachten. Denke nicht über die Bestrafung, sondern die Lösung nach. Kinder sollten lernen, Fehler wiedergutzumachen und nicht, dass sie dafür bestraft werden. Du solltest immer das große Ganze vor Augen haben: Du willst, dass deine Kinder einmal kompetente, freundliche, emotional gesunde Erwachsene werden – und nicht nur, dass sie zeitweise gehorchen. Eltern zielen auf kurzzeitigen Gehorsam ab, weil das Problem zumindest momentan gelöst ist. Ohne entsprechende Anleitung aber wird das Problem immer wieder auftauchen. Jagst du deinem Kind durch eine Strafe so viel Angst ein, dass es sein Verhalten nicht wiederholt, hast du ihm lediglich beigebracht, was es nicht tun soll. Die Erziehung deines Kindes ist lückenhaft.

Denke nicht über die Bestrafung, sondern die Lösung nach.

Ich möchte auf ein weiteres Problem hinweisen. Wenn du

dein Kind reflexartig bestrafst, wirst du den Grund für sein Fehlverhalten nie erfahren. Du verpasst die Gelegenheit, dein Kind zu verstehen, die Bindung zu ihm zu festigen und ihm etwas beizubringen. Außerdem beraubst du dein Kind um die Möglichkeit, Verantwortung für sein Handeln zu übernehmen. In dem Moment, in dem du ein Verbot aussprichst, einen Klaps gibst oder dein Kind zu einem Time-out verdonnerst, überträgst du die Verantwortung für sein Handeln auf dich. Du machst es zu deinem Job, das Problem zu beheben, indem du dafür sorgst, dass dein Kind die Konsequenzen trägt. In den Augen deines Kindes hat es nun für seinen Verstoß bezahlt und Ende der Geschichte. Das Kind hat »seine Strafe abgesessen«. Sicherlich, vielleicht konnte es, während es auf der Treppe saß, nicht mit seinen Spielkameraden spielen, vielleicht hat es die Erlaubnis verspielt, mit seinen Freunden auszugehen – und dies wahrscheinlich nicht zum letzten Mal – doch wie es an die Lösung eines Problems herangeht, hat es nicht gelernt. Übertrage die Verantwortung wieder auf den Menschen, der sie übernehmen sollte: dein Kind. Es ist für die Problemlösung zuständig. Es muss lernen, wie das geht. Deine Verantwortung ist es, ihm beim Lernen zu helfen und nicht, für dein Kind wieder alles ins Reine zu bringen. Wir lehren unsere Kinder Verantwortungsbewusstsein, wenn wir sie für ihr Handeln verantwortlich machen.

Wie aber gelingt der Wechsel von reflexartiger Bestrafung zu lösungsorientierter Disziplin?

Erstens solltest du nach dem Grund des Verhaltens fragen. Denke daran, dass Verhalten Kommunikation bedeutet – es ist der Schlüssel zum Seelenleben eines Menschen. Wir verhalten uns so, wie wir uns fühlen. Kinder, die sich schlecht verhalten, fühlen sich sehr wahrscheinlich auch schlecht. Dafür kann es banale Gründe, wie etwa Hunger oder Müdigkeit geben, aber auch komplexere, wie beispielsweise ein Streit mit einem

Freund. Die erste Frage, die du dir immer stellen solltest, lautet daher: »Was will mir dieses Verhalten sagen?«

Zweitens, denke daran, dich selbst zu disziplinieren, bevor du dich daran machst, dein Kind zu disziplinieren. (Siehe Kapitel 2) Undisziplinierte Eltern sind nicht in der Lage, ihr Kind zu mehr Disziplin zu erziehen. Sind beide, Mutter und Kind, außer Rand und Band, führt dies zu Chaos und Verletzungen, die das Problem nur größer machen. Am besten du wartest, bis du die Situation mit deinem rationalen Gehirn (das bedeutet, dass du wieder ruhig und nicht mehr aufgebracht bist) angehen kannst. Es ist in Ordnung zu sagen, »Ich brauche ein paar Minuten für mich, dann reden wir darüber«,

Drittens, stelle eine Verbindung zu deinem Kind her, indem du dein Verständnis – und ja, deine Liebe – zum Ausdruck bringst. Eine Verbindung zu einem Kind herzustellen, das sich daneben benimmt, ist keine Belohnung. Es ist ein Rettungsanker. Seinen Willen muss es nicht immer bekommen, aber deine Liebe. Eine Verbindung zu einem Kind herzustellen, hat nichts damit zu tun, es zu verhätscheln, zu verwöhnen oder zu verziehen. Verbindung ist nicht gleichzusetzen mit Nachgeben. *Verbindung heißt Verstehen. Verbindung verwöhnt nicht. Verbindung hört zu.* Die Grenze bleibt unangetastet, aber auch eure Liebe. Und das gibt einem aufgebrachten Kind ein Gefühl der Sicherheit.

Viertens, sucht nach einer Problemlösung. Dein Kind sollte sich inzwischen wieder beruhigt haben – dank der Verbindung zu dir –, sich nicht mehr im »Kampf-oder-Flucht«-Modus befinden und logisch denken können. Natürlich hängt dies maßgeblich davon ab, wie alt und reif dein Kind ist. Eine Zweijährige wird nicht von sich aus einen Lösungsvorschlag machen. Für sie könnte eine Lösung so aussehen: »Ich werde nicht zulassen, dass du deine Schwester haust. Komm, setz dich neben mich.« Ein Fünfjähriger ist bereits in der Lage, Lösungsvorschläge zu machen, braucht aber immer noch ein wenig Anleitung. Mithilfe der folgenden Fragen kommt ihr leichter ans Ziel: »Wie willst du das wiedergutmachen?«, »Wir haben ein Problem. Kannst du dir denken, wie du es lösen könntest?« Vielleicht braucht dein Kind einen kleinen Schubs in die richtige Richtung, aber lass es sich selbst das Hirn zermartern. Kinder über acht Jahre brauchen bei der Lösungsfindung kaum Unterstützung, besonders, wenn sie schon ein wenig Übung haben. Achte darauf, dass das Kind die Lösung auch durchzieht.

Wenn dein Kind sich bei der Lösungsfindung und -umsetzung verweigert, musst du (auf freundliche und liebende Weise) deine Muskeln spielen lassen, ihm die Lösung mitteilen und dafür sorgen, dass es sie auch umsetzt. Dies ist auch dann nötig, wenn es sich um ein altbekanntes Problem handelt, dein Kind die Regeln und die Handlungsalternative kennt, sich aber bewusst für den falschen Weg entschieden hat. Verbundene Kinder sind immer noch Kinder, die gelegentlich falsche Entscheidungen treffen.

Ein letzter Schritt sieht die Wiederherstellung und Neuverbindung vor. Wiederherstellung meint, dass dein Kind wieder Vertrauen aufbaut und sein Selbstkonzept wieder herstellt. Ziel der Wiederherstellungsphase ist es, dass dein Kind wieder ein Gefühl für seinen Selbstwert bekommt. Es sollte aus einer Erziehungsmaßnahme mit dem Gefühl hervorgehen, dass es trotz seines Ausrutschers ein guter Mensch ist. Eure Verbindung stellt ihr wieder her, indem ihr beide den Vorfall hinter euch lasst und gut gelaunt nach vorne schaut.

Lösungsorientierte Erziehung: Zusammenfassung

1. Hinterfrage das Verhalten deines Kindes. Verhalten ist Kommunikation, finde heraus, was dir das Verhalten deines Kindes über seinen inneren Zustand sagen will.
2. Disipliniere zunächst dich selbst. Warte, bis du wieder ru-

hig bist und rational denken kannst, bevor du das Problem angehst.
3. Stelle eine Verbindung zu deinem Kind her. Zunächst müssen seine Grundbedürfnisse nach Liebe und Verbindung befriedigt werden, damit sein Gehirn für die Lehre, die du ihm erteilen willst, aufnahmefähig ist.
4. Suche nach einer Lösung. Bringe deinem Kind bei, wie es ein Problemlöser wird. Lehre es, wie es seine Fehler ausbügelt und Beziehungen kittet. Diese Methode ist viel lehrreicher, als nur »für etwas zu zahlen«.
5. Baue wieder auf und verbinde neu. Achte darauf, das Selbstwertgefühl deines Kindes wieder aufzubauen. Es sollte erkennen, dass man aus Fehlern lernen kann und dass eine schlechte Entscheidung noch lange keinen schlechten Menschen aus ihm macht. Verbinde dich wieder mit ihm, zeige ihm dein Mitgefühl und deine Liebe. Lasst den Vorfall hinter euch und seht gut gelaunt nach vorne.

Von Time-out zu Time-in

Kleinkinder und die meisten Kindergartenkinder sind noch nicht in der Lage, Probleme zu lösen. Problemlösung findet im oberen Gehirn statt, das bei kleinen Kindern noch unterentwickelt ist. Daraus ergeben sich bei der Erziehung kleiner Kinder zwei Hauptaufgaben. Die erste besteht darin, die Bildung neuronaler Verbindungen, die sie zukünftig zur Problemlösung befähigen werden, zu fördern (indem wir ihnen beibringen, wie sie sich selbst beruhigen können und mit ihnen die Schritte des Problemlösungsprozesses immer wieder durchgehen). Die zweite Aufgabe ist, an Stelle unserer Kinder unser oberes Gehirn einzusetzen und logische Entscheidungen für sie zu treffen, bis sie selbst dazu in der Lage sind.

Lass uns einen Blick auf eine beliebte Erziehungsmethode, das Time-out, werfen. Time-outs sollten körperliche Züchtigung ersetzen, als man erkannte, wie schädlich sich diese auf Kinder auswirkt. Möglich, dass ein Kind aus Angst vor Isolierung ein bestimmtes Verhalten einstellt und uns glauben lässt, dass wir gewonnen haben. Doch die Motivation, gut zu sein, rührt von einem Gefühl tiefer Verunsicherung, und das ist die nun wirklich nicht die Motivation, die wir uns wünschen! Wenn wir ein Kind durch Liebesentzug bestrafen und es isolieren, sprechen wir dadurch sein unteres Reptiliengehirn an und aktivieren das archaische Gefühl der Angst. Dr. Siegel und Dr. Bryson nennen es »die Echse reizen«[19]. Es ist so viel förderlicher, das sich entwickelnde, obere Gehirn anzusprechen. Zu guter Letzt sei erwähnt, dass Time-outs Angst und Aggressionen bei Kindern schüren können. Es mag sein, dass ein Kind auf einem Time-out-Stuhl aus all den falschen Gründen sein Fehlverhalten einstellt, aber er wird ihm nicht helfen, seine Sache beim nächsten Mal besser zu machen. Wir können von unserem Kind nicht erwarten, seine Sache besser zu machen, solange wir ihm nicht das nötige Rüstzeug an die Hand gehen.

Wir können von unserem Kind nicht erwarten, seine Sache besser zu machen, solange wir ihm nicht das nötige Rüstzeug an die Hand geben.

Time-ins unterscheiden sich maßgeblich von Time-outs, weil der Fokus hier auf Verbindung liegt und die Lektion erst an zweiter Stelle steht. Verbindung aktiviert das obere Gehirn. Wie du weißt, sind in diesem Bereich auch logisches Denken und Vernunft angesiedelt. Auch wenn dieser Teil des Gehirns noch unterentwickelt ist, wächst er kontinuierlich. Unsere Empathie und Verbundenheit sorgen dafür, dass sich das Gehirn unseres Kindes besser entwickelt. Sie ermöglichen, unser Kind und die Gefühle und Gedanken, die es zu einer bestimmten

Handlung veranlasst haben, zu verstehen. Dies bedeutet nicht, dass wir sein Verhalten akzeptieren. Verbundenheit fährt die Aktivität des unteren Gehirns zurück und hilft dem Kind, auf sein denkendes Gehirn zuzugreifen. Nur mit seiner Hilfe kann es die Verhaltensregel, die du ihm beibringen willst, verstehen. Völlig verängstigte Kinder können nicht lernen. Sobald du wieder eine Verbindung zu deinem Kind hast und sein oberes Gehirn aktiviert ist, kannst du ihm besseres Benehmen beibringen.

Setze dein Kind bei einem Time-in auf deinen Schoß oder bringe es in eine »Ruhezone« in eurem Zuhause. Als meine Kinder noch kleiner waren, hatten wir eine Ruhezone mit Büchern, einer Zeichentafel, einem Beruhigungsglitzerglas (siehe S. 177) und ein paar Luftballons, die man platzen lassen konnte. Ich habe mich mit meinem Kind dorthin gesetzt und irgendetwas Beruhigendes mit ihm gespielt. Wenn es aufhörte zu weinen und sich gegen mich zu wehren, wusste ich, dass sein denkendes Gehirn wieder auf Empfang geschaltet hatte. Du wirst schnell herausfinden, wann dein Kind von einem aggressiven und hochemotionalen Gemütszustand in einen ruhigen und aufnahmefähigen wechselt. Sobald es aufnahmebereit ist, erklärst du ihm, welche Grenze es überschritten hat, und wie es sich zukünftig besser verhalten kann. Nach einem Wutanfall, weil es keinen weiteren Keks bekommen hat, kannst du zum Beispiel sagen: »Du warst sauer auf mich, deswegen hast du mich angebrüllt. Ich verstehe, dass du sauer warst, aber ich erlaube dir nicht, mich anzubrüllen. Ich mag es nicht, angebrüllt zu werden, genauso wenig wie du es magst. Nächstes Mal, wenn du sauer auf mich bist, möchte ich, dass du in unsere Ruhezone gehst, ein Bild malst und mir so zeigst, wie du dich fühlst.«

Jetzt müsste sich der Paradigmenwechsel auch bei euch einstellen. Wir denken, mit Lieblosigkeit und Kälte unsere Enttäuschung über das Fehlverhalten unserer Kinder zum Ausdruck bringen zu müssen. Wir meinen, sie mit verächtlichen Blicken, einem barschen Ton oder zeitweiser Isolation motivieren zu können. Es sind jedoch die falschen Beweggründe für Kinder. Wenn wir auch während einer Erziehungsmaßnahme weiterhin liebevoll bleiben und auf sie eingehen, halten wir die Bindung zu ihnen aufrecht. Aufgrund dieser Bindung will ein Kind seinen Eltern zuliebe gut sein. (Vergleiche hierzu die sechs Phasen der Bindung von Dr. Gordon Neufeld.)

Vielleicht sorgst du dich, dass du mit einem Time-in schlechtes Verhalten auch noch belohnst. Der Irrtum, unseren Kindern nur dann etwas beibringen zu können, wenn wir nicht mit ihnen verbunden sind, lässt Time-in als Belohnung erscheinen. Kinder nehmen es nur dann als Belohnung wahr, wenn sich positive Aufmerksamkeit auf Time-ins beschränkt, was bei euch zu Hause sicher nicht der Fall ist.

Wenn du dich um mehrere Kinder zu kümmern hast, ist es schwer, alles unter einen Hut zu bringen. Ich hatte für meine Jungs zwei separate Bereiche und bin so gut es ging, hin- und hergesprungen. Es dauerte nicht lange, bis sie es geschafft hatten, sich selbst zu beruhigen, indem sie mit den Sachen in der Kiste spielten. Bleibe konsequent und geduldig, dann wirst auch du es schaffen!

Manche Kinder wollen lieber alleine sein, wenn sie aufgebracht sind. Sollte dies auf dein Kind zutreffen, zwinge es nicht zu einem Time-in. Solange es sich selbst beruhigen kann und Zugang zu seinem rationalen Gehirn bekommt, ist es egal, wo dies geschieht. Halte dich bereit, falls dein Kind Trost sucht, und denke immer daran, abzuwarten, und ihm erst dann etwas beizubringen, wenn es sich beruhigt hat.

Weitere Alternativen zu Bestrafung

1. Wegnehmen

Ich bin generell kein Fan davon, Kindern etwas zu verbieten oder wegzunehmen, um sie »leiden zu lassen«, aber manchmal liegt das Entfernen von Gegenständen einfach nahe. Wenn sich meine beiden Jungs über etwas streiten, frage ich sie, ob sie es selbst schaffen, sich zu einigen, oder ob ich eingreifen soll. Streiten sie weiter, nehme ich den Gegenstand in aller Ruhe und Freundlichkeit an mich. Den Satz, »Eure Beziehung ist wichtiger als dieses Spielzeug«, haben sie mich wahrscheinlich schon so oft sagen hören, dass sie ihn im Schlaf aufsagen können. Ich möchte, dass sie sich diese Botschaft wirklich zu eigen machen. Beziehungen haben die höchste Priorität. Sobald sie sich geeinigt haben, wandert der Gegenstand wieder in ihren Besitz.

Mein Sohn hielt sich einmal nicht an unsere Regel zur Nutzung digitaler Medien. Ich nahm ihm das entsprechende Gerät bis zur nächsten Familienkonferenz weg, auf der wir das Problem und mögliche Lösungen diskutierten.

2. Der Friedenstisch

Dies ist eine gute Option für ältere Kinder oder wenn Freunde zu Besuch sind. Als »Friedenstisch« eignet sich am besten ein Kindertisch. Bringe deinen Kindern bei, sich an diesen Tisch zu setzen, wenn sie einen Streit haben. Besorge eine Feder, die als »Sprechfeder« auf dem Tisch liegt. Derjenige, der die Feder hat, darf sprechen. Das andere Kind hört zu, ohne zu unterbrechen. Wenn das Kind zu Ende gesprochen hat, überreicht es die Sprechfeder seinem Gegenüber und hört sich dessen Standpunkt an. Du besprichst das Ganze mit ihnen, bis sie eine Lösung gefunden haben. Dies könnte wie folgt aussehen:

»Ich höre Annie sagen, dass sie wütend ist, weil sie jetzt mit diesen Bausteinen spielen wollte. Und ich höre Beth sagen, dass sie bereits damit gespielt hat und noch nicht damit fertig war. Ist das richtig?« Den Vorfall auf diese Weise wiederzugeben, gibt den Kindern das Gefühl, gehört zu werden. Gleichzeitig werden so die Umstände des Streits nochmals rekapituliert. »Auf welche Lösung könntet ihr euch einigen? Annie, was hältst du davon, dass Beth zu Ende spielt, und dir Bescheid sagt, wenn du damit spielen kannst? Wäre das ein Vorschlag?«

Die Kinder müssen so lange am Tisch sitzen bleiben, bis sie eine friedliche Lösung gefunden haben.

3. Halte beim Autofahren an

Viele Eltern beschweren sich darüber, dass ihre Kinder im Auto streiten, und das aus gutem Grund. Es lenkt den Fahrer enorm ab. Wenn meine Kinder im Auto streiten, halte ich am Straßenrand und bleibe still sitzen. Meist fragt eines der Kinder nach einigen Sekunden: »Mama, warum sind wir stehen geblieben?« Ich antworte: »Ich kann mich nicht auf den Verkehr konzentrieren, wenn ihr zwei streitet. Ich fahre wieder los, wenn ihr euch geeinigt habt.« Ich musste nicht oft anhalten. Sie haben es ziemlich schnell verstanden. Es gibt Kinder, die sich nicht beirren lassen, und sich am Straßenrand unbeeindruckt weiterzanken. Dann funktioniert dieser Trick nicht. Du musst ausprobieren, was bei deinen Kindern klappt.

4. Schreibe es auf

Unsere Werte sind in unserem Familienleitbild verankert, unsere Regeln haben wir gut im Blick. Jetzt, da meine Jungs älter sind, bitte ich sie, sich zu mir an den Tisch zu setzen und die Familienregel aufzuschreiben, gegen die sie verstoßen haben. Dies hilft ihnen dabei, sie stets präsent zu haben. Sobald mein Kind die Regel niedergeschrieben hat, bitte ich es, sie nochmals laut zu wiederholen. Sollte eine Beziehung, etwa die zu seinem Bruder, einem anderen Familienmitglied oder einem Freund Schaden genommen haben, frage ich, wie mein Kind sie wieder in Ordnung bringen will. Sollte es meine Hilfe brauchen, bekommt es sie. Doch generell erwarte ich von meinen beiden Söhnen, dass sie das auch alleine schaffen.

5. Sei nachsichtig

Du kannst eine noch so tolle Mutter sein, dein Kind wird Fehler machen. Es ist auch nur ein Mensch. Manchmal bestrafen wir unsere Kinder schlicht und ergreifend für die Tatsache, Menschen mit menschlichen Gefühlen und Reaktionen zu sein, die sie nicht immer völlig unter Kontrolle haben. Doch auch wir Eltern haben uns nicht immer im Griff. Auch uns passiert es, dass wir frustriert herumbrüllen oder mit Türen schlagen. Und ja, natürlich hätten wir besser reagieren und uns mehr anstrengen können, doch andererseits sind wir keine Roboter. Manchmal ist das Leben wirklich hart und wir flippen aus. In solchen Momenten brauchen wir nicht jemanden, der uns einen auf den Deckel gibt, sondern jemanden, der uns zuhört und versteht, und genauso geht es auch Kindern. Wir sollten bei unseren Kindern die Messlatte nicht höher hängen als bei uns selbst. Hänge sie hoch bei deinen Kindern, aber sei nachsichtig mit ihnen, wenn es das ist, was sie gerade brauchen. Irren ist menschlich, und ständige Zurechtweisung wird uns dies genauso wenig austreiben wie unseren Kindern.

Erfolgsgeschichten

Ich kann mir vorstellen, dass dir die Aufgabe, deinen Erziehungsstil komplett zu ändern, zunächst zu groß erscheint. Vielleicht denkst du, dass das bei anderen Kindern funktionieren mag, aber nicht bei deinen. Vielleicht machst du dir auch Sorgen, dass das Resultat einer Methode, die ohne Bestrafung auskommen will, unerzogene Kinder sind. Häufig schreiben mir Eltern voller Begeisterung über die Fortschritte, die ihre Kinder und die gesamte Familie dank dieser positiven, nicht-bestrafenden Methode gemacht haben. Ich möchte ein paar Erfolgsgeschichten mit dir teilen, um dich aufzubauen und zu ermutigen, die positive Wende einzuleiten.

Bailey hat mir geschrieben, wie gut nichtbestrafende Erziehung bei ihr zu Hause funktioniert hat. *»Er ist jetzt fast drei Jahre alt, und ich stelle mit großer Verwunderung fest, dass wir bisher völlig ohne Bestrafung ausgekommen sind. Keine Time-outs. Keine Beleidigungen, kein Anbrüllen. Kein Klaps auf den Po oder andere körperliche Bestrafungsmethoden. Wir respektieren bei seiner Erziehung stets seine Menschenwürde, und er ist alles andere als ein verzogenes Gör! Seine Mitmenschen genießen es, mit ihm zusammen zu sein, und wir tun es auch. Wir hätten es nie für möglich gehalten, aber wie genießen unseren Sohn, wir genießen es, Eltern zu sein. Es ist absolut erstaunlich und macht uns sehr dankbar.«*

Jessica ist Mitglied meiner Facebook-Community. Sie sagt: *»Die Ratschläge sind phänomenal und haben die Dynamik in unserer Familie völlig verändert. Ich bin alleinerziehende Mutter von drei Kindern. Mit den Tipps und Techniken auf Facebook gelingt es mir, die Führung zu übernehmen, ohne sie herumzukommandieren. Damit sind wir alle glücklicher. Ich habe jetzt das Rüstzeug, jeden Streit, jede Lüge, jedes Fehlverhalten in eine liebevolle Lektion und einen verbindenden Moment umzuwandeln. Das ist unbezahlbar für mich.«*

Auch Chrystal hat eine sagenhafte Geschichte zu erzählen. Ich finde es immer toll, wenn mir Leser von ihren älteren Kindern erzählen, die von klein auf mit *Positive Parenting* erzogen wurden. Chrystal schreibt: »*Wir wendeten bei der Erziehung unseres Sohns sanfte Methoden an, keine Bestrafung, Belohnung oder Schläge. Es kam weniger als zehn Mal vor, dass wir ihm gegenüber laut geworden sind. Wir haben viel miteinander gesprochen und haben ihm angemessene Grenzen gesetzt. Als er im Kindergartenalter war, war es nicht immer leicht, sich ins Gedächtnis zu rufen, dass das Austesten von Grenzen ganz normal ist. Ich habe immer versucht, das langfristige Ziel im Auge zu behalten. Nun bekomme ich von anderen ständig zu hören, wie höflich, wertschätzend und umsichtig mein Sohn ist. Er ist sehr gut in der Schule und findet schnell Anschluss. Um ehrlich zu sein, ist es nicht mehr notwendig, über sein Verhalten zu diskutieren, weil er sich einfach nicht falsch verhält. Ich denke, das liegt daran, dass wir uns eine gute Grundlage aus gegenseitigem Respekt geschaffen haben, als er noch jünger war. Mein Ratschlag ist, Methoden, die funktionieren, beizubehalten und immer die langfristigen Ziele im Auge zu haben. Nun kann ich voller Freude beobachten, wie unser Elfjähriger im Umgang mit seinem kleinen Bruder genau die Methoden anwendet, die er aus seiner eigenen Kindheit kennt. Er behandelt den Kleinen genauso sanft und liebevoll, wie wir ihn erzogen haben.*«

Rachel berichtete mir über ihren erfolgreichen Wechsel von Time-outs zu Time-ins: »*Wenn mein Sohn einen Wutanfall hat, lege ich mich gemeinsam mit ihm in sein Bett, bis er aufgehört hat, zu weinen. Ich umarme und beruhige ihn. Er beruhigt sich wirklich schnell. Wenn er ruhig ist, frage ich ihn, ob jetzt bereit ist, darüber zu reden. Ich warte immer, bis er wirklich bereit dazu ist. Dann erzählt er mir, was ihn so wütend gemacht hat. Ich höre ihm zu und äußere mein Mitgefühl. Außerdem helfe ich ihm, die richtigen Worte für seine Gefühle zu finden, wenn er Probleme dabei hat, sich auszudrücken. Dann sprechen wir darüber, wie wir beide es in Zukunft besser machen könnten. Diese Methode hat Wunder gewirkt bei uns zu Hause. Unser Sohn spricht so viel besser darauf an. Wutanfälle sind inzwischen zur Seltenheit geworden.«*

Auch Mary berichtete auf meiner Facebook-Seite über ihre Erfolge mit Time-ins: *»Wir haben vor eineinhalb Jahren damit begonnen, und es hat Wunder gewirkt. Sowohl die Anzahl als auch die Länge der Wutanfälle hat sich reduziert. Es hat ein paar Monate gedauert, bis wir die Effekte spüren konnten, aber es hat unser ganzes Leben verändert!«*

Jennifers Geschichte würde ich gerne von vielen anderen von euch hören. Sie sagt: »Positive Parenting *hat unsere ganze Familiendynamik verändert. Ich habe das Gefühl, dass mein Mann und ich dadurch so viel positiver miteinander verbunden sind. Wir versuchen beide, jeder Situation etwas Gutes abzugewinnen, und sind mit unserer gesunden Beziehung den Kindern ein gutes Vorbild.«*

Zu guter Letzt möchte ich noch den Kommentar von Erica mit euch teilen: *»Mit* Positive Parenting *habe ich gelernt, davon auszugehen, dass meine Kinder positive Beweggründe für ihr Handeln haben. Dies führte dazu, dass ich nicht nur meinen Kindern, sondern allen Menschen anders begegnete. Ich praktiziere es seit nunmehr 15 Jahren, und meine Kinder sind inzwischen 13, 15, 18 und 20 Jahre alt. Meine älteren Kinder erzählen jedem, der sich dafür interessiert, welch großen Unterschied* Positive Parenting *macht.«*

Ich lade dich ein, auf meiner Facebook-Seite *Positive Parenting: Toddlers and Beyond* vorbeizuschauen, und mir von deiner Erfolgsgeschichte zu berichten. Ich liebe die Berichte darüber, wie *Positive Parenting* Beziehungen verändert hat. Ich freue mich schon darauf, von dir zu hören!

Diskussionspunkte

- Wer übernimmt die Verantwortung dafür, wenn dein Kind sich daneben benimmt?
- Erscheint dir lösungsorientierte Erziehung sinnvoll? Sprecht über die unterschiedlichen Auswirkungen folgender Alternativen: Kinder zu bestrafen oder ihnen die Verantwortung zu übertragen, ihre Fehler wiedergutzumachen.
- Plane im Voraus, wie du auf die Verhaltensweisen, die du am problematischsten findest, antworten – nicht reagieren – willst. Wäge die unterschiedlichen Lösungsansätze ab. Bitte dein Kind um Mithilfe.
- Bist du bereit, Time-out gegen Time-in auszutauschen? Gib euch zwei Monate Zeit. Wenn du bis dahin keine wesentliche Verbesserung feststellst, kannst du immer noch zu Time-out zurückkehren.

Praktische Anwendung

Wie versprochen, gebe ich dir ein paar Beispiele, wie lösungsorientierte Disziplin aussehen kann.

Klein- und Kindergartenkinder

Szenario 1
Die 18 Monate alte Emma will eure Steckdosen erforschen. Ein strenges »Nein« lässt sie unbeeindruckt, und du hast keinen Steckdosenschutz zur Hand. Deine Freundin rät dir, Emmas Hand wegzuschlagen, aber du hast kein gutes Gefühl dabei. Was könntest du machen?

Schritt eins: Hinterfrage das Verhalten. Was treibt das Kind an? In diesem Alter ist der Fall klar. Emma hat das Bedürfnis, ihre Umwelt zu entdecken. Sie ist neugierig und sie versteht nicht, dass das »Nein« sie vor einer Gefahr warnen soll.

Schritt zwei: Disziplíniere zunächst dich selbst. Wenn es um die Sicherheit deines Kindes geht, wirst du nicht erst fünf tiefe Atemzüge nehmen und ein Mantra aufsagen. Du willst deine Tochter sofort aus der Gefahrenzone bringen. Mit einem resoluten »Stopp!« gewinnst du ihre Aufmerksamkeit, bis du bei ihm bist. Deinem Kind *zu*zuschreien, um es vor einer Gefahr zu warnen, ist etwa anderes, als es *an*zuschreien.

Schritt drei: Stelle eine Verbindung her. Speziell in diesem Szenario sorgst du dafür, dass dein Kind sich nicht verletzt, und setze ihm eine Grenze. Es befindet sich nicht im emotionalen Ausnahmezustand, daher fühlt es sich vielleicht sogar schon mit dir verbunden.

Schritt vier: Finde eine Lösung. Erkläre die Grenze in einfachen Worten. »Steckdose, nein. Macht Aua!« Betone deine Aussage durch übertriebene Gestik, reiße die Augen auf und mache ein schmerzverzerrtes Gesicht. Im Idealfall kannst du ihre Aufmerksamkeit auf irgendetwas anderes lenken. Solltest du dich aber gerade um die Töpfe auf dem Herd, ein Geschwisterkind oder eine andere dringende Aufgabe kümmern müssen, muss eine Alternativlösung her. Sobald deine Tochter wieder zu der Steckdose geht, nimmst du sie einfach hoch und bringst sie an einen sicheren Ort, zum Beispiel ihr Gitterbett oder ihren Laufstall. Sollte sie weinen, drücke dein Mitgefühl aus. »Du wolltest jetzt nicht in den Laufstall, ich weiß. Aber die Steckdose tut dir weh! Ich will nicht, dass du dir wehtust.«

Schritt fünf: Baue Selbstwertgefühl und Bindung wieder auf. Hole deine Kleine, sobald es dir möglich ist, wieder aus dem Bettchen oder Laufstall und kuschle und spiele mit ihr. Erspart euch in Zukunft den Ärger, indem du eure Steckdosen kindersicher machst!

Szenario 2
Der dreijährige Ben hat einen ausgewachsenen Wutanfall mitten im Einkaufszentrum, weil du ihm nicht das Spielzeug kaufst, das er haben will.

Schritt eins: Hinterfrage das Verhalten. Auf den ersten Blick ist klar: Der Kleine dreht gerade völlig durch. Ist da noch etwas anderes? Ist er vielleicht müde oder hungrig? Denke daran, nach einem positiven Beweggrund zu suchen. Er will nicht wirklich, dass du dich bis auf die Knochen blamierst.

Schritt zwei: Diszipliniere zunächst dich selbst. Nimm ein paar tiefe Atemzüge. Die Leute im Einkaufszentrum haben bestimmt schon Spannenderes gesehen heute.

Schritt drei: Stelle eine Verbindung her, beruhige dein Kind. Wäre es nicht toll, wenn Läden eine Ruhezone hätten? »Ben, du möchtest das Spielzeug unbedingt. Ich verstehe.« (Tipp: Habe in deiner Handtasche immer einen Anti-Stress-Ball, eine kleine Tafel mit Stift oder ein Malbuch parat.) Sei mitfühlend. Umarme dein Kind. Drohe ihm nicht. Je nach Temperament deines Kindes kannst du Verschiedenes ausprobieren. Manche Kinder beruhigt es, wenn sie im Arm gehalten werden und sich verstanden fühlen. Bei anderen hilft es, die Fantasie zu nutzen. »Das ist ein tolles Spielzeug. Ich wünschte, wir könnten es kaufen. Was, wenn wir das ganze Regal leer kaufen könnten? Wow! Womit würdest du zuerst spielen?« Andere Kinder müssen einfach schnell aus dem Laden raus, pronto. Bringe es zum Auto und warte, bis es ruhiger wird. Solltest du einen vollen Einkaufswagen haben, kannst du deinen weinenden Sohn vielleicht hineinsetzen und herumschieben. Ich würde dich dafür nicht verurteilen, und ich denke, die meisten anderen Leute auch nicht.

Schritt vier: Finde eine Lösung. Keinesfalls nennst du ihn eine Heulsuse oder kaufst ihm das Spielzeug! Zeige dein Mitgefühl, aber gehe nicht auf seine Forderungen ein, nur um den Wutanfall zu beenden. Es besteht kein Anlass, ihn auf dem Weg zum Auto oder nach Hause zu belehren. Er hat das Spielzeug nicht bekommen und damit die Grenze eingehalten. Das ist ausreichend. Gib ihm Zeit, sich zu beruhigen. Dann kannst du mit ihm besprechen, wie er beim nächsten Mal mit seiner Frustration und seinem Ärger umgehen kann, wenn du ihm einen Wunsch abschlägst.

Schritt fünf: Baue Selbstwertgefühl und Bindung wieder auf. Der Vorfall ist vorbei. Schließt das Kapitel ab, lacht gemeinsam und habt Spaß.

Szenario 3
Deine Fünf- und Dreijährige streiten sich um ein Spielzeug. Schon wieder!

Schritt eins: Hinterfrage das Verhalten. Sie sind noch nicht so weit, Konflikte zu schlichten. Das dauert noch ein wenig.

Schritt zwei: Diszipliniere zunächst dich selbst. Du kannst mit dieser Situation freundlich und erwachsen umgehen. Atme ein paar Mal tief durch. Mantra.

Schritt drei: Stelle eine Verbindung her, beruhige deine Kinder. Nach einem Streit brauchen sie eine Pause. Gib ihnen ein wenig Zeit, um getrennt voneinander runterzukommen.

Schritt vier: Findet eine Lösung. Sobald deine Kinder wieder ruhig sind, kannst du es mit einem Friedenstisch versuchen. Oder ihr setzt euch einfach auf das Sofa und diskutiert Lösungsmöglichkeiten. Deine Fünfjährige kann vielleicht schon etwas dazu beitragen. Falls nicht, machst du ein paar Vorschläge. Wie wäre es, sich mithilfe eines Timers abzuwechseln? Vielleicht findet eine von beiden ein anderes interessantes Spielzeug. Oder musst du ihnen das Spielzeug wegnehmen? Erkläre deinen Kindern, dass du den Gegenstand im Falle eines erneuten Streits an dich nehmen und ihnen erst dann zurückgeben wirst, wenn sie friedlich damit spielen, weil Beziehungen wichtiger als Spielsachen sind.

Schritt fünf: Baue Selbstwertgefühl und Bindung wieder auf. »Ich weiß, dass ihr beide euch sehr lieb habt. Man fühlt sich nicht gut, wenn man miteinander zu streitet. Was haltet ihr davon, jetzt gemeinsam etwas Lustiges zu unternehmen?«

Kinder über fünf Jahre

Szenario 4
Deine Sechsjährige schreit: »Ich hasse dich!«, weil du auf einer Grenze bestehst, die ihr zuvor vereinbart habt.

Schritt eins: Hinterfrage das Verhalten. Sie ist wütend, dass du ihr diese Grenze setzt und schafft es noch nicht, sich selbst zu kontrollieren. Sie braucht deine Hilfe, mit diesem überwältigenden Gefühl zurechtzukommen.

Schritt zwei: Diszipliniere zunächst dich selbst. Oh weh, das ist ein potenzieller Trigger, oder? Verletzende Worte aus dem Mund des eigenen Kindes können einem als Eltern ganz schön nahegehen. Da möchte man sofort zurücktreten. Oder weinen. Am besten, du gehst erst einmal raus. »Es tut mir weh, wenn du so etwas sagst. Ich brauche eine Auszeit. Du solltest dir auch eine nehmen.«

Schritt drei: Stelle eine Verbindung her, beruhige dein Kind. Sobald du dich gesprächsbereit fühlst, kannst du zum Beispiel sagen: »Ich verstehe, dass du sauer auf mich warst, aber es ist nicht in Ordnung, so mit mir zu reden. Ich liebe dich. Deine Worte haben mich verletzt.«

Schritt vier: Findet eine Lösung. Jetzt kannst du Fragen stellen, die euch einer Lösung näher bringen: Warum hast du das zu mir gesagt? Wie hast du dich dabei gefühlt? Wie, denkst du, habe ich mich dabei gefühlt? Wie willst du es wiedergutmachen? Du wirst dich irgendwann wieder über mich ärgern, wie wirst du dann reagieren? Wenn ihr eine vertrauensvolle, enge Bindung habt, wird das Wissen, dass sie dich mit ihren Worten verletzt hat, als Konsequenz ausreichen.

Schritt fünf: Baue Selbstwertgefühl und Bindung wieder auf. »Auch wenn du mich verletzt hast, liebe ich dich über alles, und nichts wird sich daran ändern. Ich verzeihe dir, was du gesagt hast, denn ich weiß, dass du es nicht so gemeint hast.« Macht etwas zusammen und füllt eure emotionalen Tanks wieder auf.

Wende diese Schritte immer an, wenn du dein Kind zurechtweisen musst. Es wird sich irgendwann so gut daran gewöhnt haben, dass es unaufgefordert nach Lösungen sucht.

Erfahrungsgemäß ist es mit älteren Kindern einfacher. Als mein Sohn acht war, kam es einmal zu einem kleinen Missverständnis zwischen uns. Er sprang auf, knallte die Tür zu und erwischte mich dabei versehentlich am Fuß. Er missdeutete meine Reaktion auf den Schmerz und dachte, ich wäre böse auf ihn. Da er äußerst sensibel ist, machte er sofort dicht und stürmte davon. Mein Sechsjähriger sagte: »Keine Sorge, Mama! Ich weiß, was los ist.« Er folgte seinem Bruder und stellte ihm lösungsorientierte Fragen. Er hat das wirklich toll gemacht! Mein Ältester kam zu mir und entschuldigte sich sofort dafür, die Türe zugeknallt zu haben. Danach sprachen wir über unsere Reaktionen.

Streiten Kinder um ein Spielzeug, solltest du es wegräumen. Halten sie sich nicht an eure Regeln zur Nutzung von Elektrogeräten, ist es ebenfalls angebracht, das entsprechende Gerät wegzunehmen, und erst dann wieder herauszugeben, wenn sie es sich verdient haben. Es handelt sich hierbei um logische Konsequenzen. Wenn du das Gefühl hast, deinen Kindern damit etwas beibringen zu können, habe ich nichts dagegen. Bestrafung hingegen hat zum vorangegangenen Fehlverhalten überhaupt keinen Bezug und nur das Ziel, das Kind leiden zu lassen. Die Zielsetzung ist eine völlig andere. Sinnvolle Konsequenzen, durch die das Kind etwas lernen kann, werden ihm nicht schaden. In dem Glauben aufzuwachsen, dass schlechte Entscheidungen keine Konsequenzen haben, ist wesentlich schädlicher. Oft kann eine logische Konsequenz Teil der Lösung sein. Achte dabei immer darauf, das Selbstwertgefühl und eure Verbindung wiederherzustellen.

Noch ein Tipp: Bastle ein Beruhigungsglas: Fülle in ein Einweckglas eine Tasse Wasser, zwei Esslöffel Glitzerkleber, je nach Belieben extra Glitzer und Lebensmittelfarbe. Verschließe den Deckel mit Heißkleber. Deponiere das Glas in eurer Ruhezone.

Die herumwirbelnden Glitzerpartikel zu beobachten, wirkt sich beruhigend aus auf ein aufgebrachtes Kind. Zeige ihm, wie es das Glas vorsichtig schüttelt, um zu beobachten, wie sich der Glitzer wieder am Boden absetzt. In einer Mischung aus drei Teilen Wasser und einem Teil Maissirup wirbeln die Glitzerpartikel noch länger herum.

10

Die häufigsten Erziehungsprobleme – und wie du sie mit proaktiver Erziehung löst

Kürzlich habe ich eine Umfrage durchgeführt, an der mehr als 9000 Eltern teilgenommen haben. Die Frage lautete, bei welchem Verhalten ihrer Kinder sie besonders schnell die Nerven verlieren. In diesem Kapitel werde ich erläutern, wie du den fünf meistgenannten Verhaltensweisen mit proaktiver Erziehung, einem der Hauptprinzipien von *Positive Parenting*, gegensteuern kannst. Ziel ist es, proaktiv zu sein, und das jeweilige Verhalten schon im Keim zu ersticken, damit es erst gar nicht dazu kommt, dass du deswegen ausflippst.

Zu Beginn habe ich dir ein Buch versprochen, in dem du nicht, wie in so vielen anderen, Tipps zur Maßregelung deines Kindes findest. Die folgenden Ratschläge sollen dir eine grobe Richtung vorgeben, wie du den Wechsel von konventionellen Erziehungspraktiken zu *Positive Parenting* schaffst. Besonders für Eltern, die *Positive Parenting* noch nicht so lange praktizieren, haben sie sich als sehr hilfreich erwiesen. An dieser Stelle sei nochmals betont, dass du die Expertin bist, weil du dein Kind am besten kennst. Daher lautet mein wichtigster Ratschlag, immer auf dein Herz zu hören.

Aggressives Verhalten

Aggressives Verhalten führt die Liste an unerwünschten Verhaltensweisen von Kindern an. Scheinbar macht uns nichts so aggressiv, wie unsere Kinder aggressiv zu erleben. Reptiliengehirn trifft auf Reptiliengehirn. Begegnen wir aggressivem Verhalten mit Aggression, indem wir beispielsweise das Schlagen eines Geschwisters mit einer Ohrfeige vergelten, sind alle Beteiligten außer Kontrolle. Aber was noch schlimmer ist: Es übermittelt die Botschaft, dass Aggression eine akzeptable Antwort ist. Jetzt ist der richtige Zeitpunkt, um das anzuwenden, was du in Kapitel 2 gelernt hast: Diszipliniere zunächst dich selbst. Achte darauf, deine Gefühle unter Kontrolle zu bringen und zu antworten – nicht nur zu reagieren.

Um aggressivem Verhalten proaktiv entgegenzuwirken, ist es wichtig, dass deine Erziehungsmaßnahme bei deinem Kind weder Angst noch Frustration auslöst. Oft äußert sich Angst in Aggression. Wenn du durch deine Erziehung Ängste schürst, können sich diese in Form von Aggression entladen. Nimm dein Kind in ein Time-in und suche nach Lösungen, anstatt es zu bestrafen. Zweitens, schule dein Kind in emotionaler Intelligenz. Hilf ihm, seine Gefühle zu benennen, zu verstehen und damit umzugehen. Dies reduziert seine Frustration, was wiederum zu weniger Aggression führt. Sorge dafür, dass sich dein Kind deiner Liebe sicher sein kann. Die Gewissheit, dass du es liebst, egal was auch passiert, gibt ihm ein Gefühl der Sicherheit und Verbundenheit. Dadurch verschwinden Gefühle, die Aggressionen auslösen.

Mache dir bewusst, dass ein aggressives Kind kein »schlechtes« Kind ist. Oft stecken Angst, seelische Verletzungen oder das Gefühl der Unverbundenheit dahinter. Kleine Kinder verfügen noch nicht über das Ich-Bewusstsein und die sprachlichen Fähigkeiten, um dir mitzuteilen, was los ist. Oft wissen sie selbst nicht, wo das Problem liegt. Darüber hinaus fehlen ihnen die kognitiven Fähigkeiten, um ihr Handeln zu reflektieren. Bei älteren Kindern verbergen sich hinter aggressivem Verhalten seelische Schmerzen, ausgelöst durch Angst, Schuld oder Scham.

Halte es bei sehr kleinen Kindern unter fünf Jahren schlicht und einfach. Entferne das aggressive Kind aus der Situation. Nimm es in ein Time-in (indem es neben dir oder auf deinem Schoß sitzt) und erkläre ihm die Grenze. »Ich erlaube dir nicht, dass du zuhaust. Das tut weh. Ich bringe dich und die anderen in Sicherheit, bis du dich beruhigt hast.« Zunächst geht es darum, dass sich das Gehirn deines Kinds reguliert. Wie du weißt, befindet sich dieses bei aggressivem Verhalten im »Flucht-oder-Kampf«-Modus. Dies bedeutet, dass dein Kind erst dann offen für deine erzieherischen Maßnahmen sein wird, wenn es ruhig ist und Zugang zu den Funktionen seines oberen Gehirns hat.

Auch wenn es auf den ersten Blick wie eine Belohnung aussieht, sollten Eltern mit einem Kind, das gerade zugeschlagen hat, kuscheln. Stelle dir Folgendes vor: Du bist wütend und rufst eine Freundin oder deinen Partner an, um darüber zu reden. Oder du nimmst dir eine kleine Auszeit, um dich zu beruhigen und deinen Gefühlen nicht freien Lauf zu lassen. Ist das Gespräch mit deiner Freundin oder die kleine Auszeit eine Belohnung für deine Wut? Nein, es handelt sich dabei um Gefühlsmanagement und ist für dein Kind eine wichtige Lektion. Zeige deinem Kind in solchen Situationen, dass du mit ihm fühlst, und hilf ihm, seine Emotionen und den Grund seiner Wut in Worte zu fassen. So lernt es emotionale Intelligenz.

Sobald die Wut deines Kinds verraucht ist, wiederholst du freundlich und bestimmt die Regel »Kein Schlagen«, zeigst ihm auf (Weggehen etc.) und machst ihm klar, was passiert, wenn es nochmals zuschlägt (beispielsweise, dass du das Treffen mit seinem Spielkameraden beendest). Halte dir vor Augen, dass dein Kind noch keine fünf Jahre alt ist. Es wird noch eine Zeit lang brauchen, bis es seine Gefühle unter Kontrolle bringt. Das Letzte, was du willst, ist ihm das Etikett »unerzogen« oder »aggressiv« zu verpassen. Denke daran, dass sich Kinder durch die Augen ihrer Eltern sehen und ihren Erwartungen, egal ob hoch oder gering, gerecht werden wollen.

Wichtig ist, es sich zur Gewohnheit zu machen, nach den Verhaltensursachen zu fragen. Konsequenzen kurieren kurzfristig die Symptome; zur Wurzel des Übels vorzudringen und sie zu bekämpfen, bringt langfristige Heilung. Solltest du feststellen, dass dein Kind aus Eifersucht aggressiv ist, ist es deine Aufgabe, dich um seine Eifersucht zu kümmern, und seine Aggressionen werden verschwinden.

Bei Kindern zwischen fünf und acht Jahren ist das obere Gehirn schon besser entwickelt, daher sollten sie in den Problemlösungsprozess mit eingebunden werden. Auf diese Weise lernen sie Verantwortungsbewusstsein, emotionale Intelligenz und die Fähigkeit, Konflikte positiv zu lösen. Dies könnte in etwa so aussehen:

Die sechsjährige Brenna hat gerade ihre jüngere Schwester geschlagen. Nachdem du dich um die Kleine gekümmert hast, nimmst du Brenna in ein Time-in. »Unsere Regel heißt: nicht schlagen. Erzähle mir, was passiert ist.« Brenna erklärt, dass ihre kleine Schwester sie geärgert hat. Jetzt könntest du antworten: »Wir haben über drei Dinge gesprochen, die du machen kannst, wenn du wütend bist, weißt du sie noch? Du kannst dreimal tief durchatmen. Du kannst weggehen. Du kannst mich um Hilfe bitten. Aber du darfst deine Schwester nicht schlagen. Zähle mir die drei Sachen, die du tun kannst, nochmals auf.« Höre deiner Tochter aufmerksam zu, während sie die drei Möglichkeiten wiederholt. »In Ordnung. Was wirst du das nächste Mal machen, wenn dich deine Schwester ärgert?« Jetzt nennt Brenna vielleicht eine der drei Entspannungstechniken. »Gut. Jetzt gerade ist deine kleine Schwester sauer, weil du sie gehauen hast. Schaue ihr ins Gesicht. Kannst du an ihrem Gesichtsausdruck erkennen, wie sie sich fühlt? Wie kannst du das wiedergutmachen?« Wenn deine Tochter keine Vorschläge macht, machst du welche. »Du könntest ihr eine kleine Nachricht schreiben, ihr etwas malen oder dich bei ihr entschuldigen und sie umarmen. Womit, denkst du, würde sie sich am besten fühlen? Auf diese Weise bringst du deinem Kind bei, Verantwortung zu übernehmen für den Schaden, den es verursacht hat, und gibst ihm das geeignete Werkzeuge an die Hand.

Zeigt ein Kind rund um sein achtes Lebensjahr aggressives Verhalten, musst du dich auf Ursachenforschung begeben. Was verbirgt sich hinter seiner Aggression? Sollten die Aggressionen sehr heftig ausfallen, plötzlich auftreten oder völlig untypisch für dein Kind sein, suche professionellen Rat auf.

Quengeln

Für viele Eltern ist Quengeln diese ganz spezielle Tonart, die ein Kind anstimmt, wenn es irgendetwas möchte. Andere verstehen darunter hartnäckiges Betteln, nachdem sie ein Verbot ausgesprochen haben. Beide Quengel-Typen sind für Eltern gleichermaßen nervenzehrend, sollen aber separat voneinander behandelt werden.

Quengeln, bei dem ein Kind eine andere Stimmlage anschlägt, ist eigentlich nichts anderes als eine reifere Form des Schreiens. Wissenschaftler haben herausgefunden, dass unser Gehirn für das Schreien eines Babys besonders empfänglich ist. Es dauert nur hundert Millisekunden, bis unser »emotionales Gehirn« nach einem Schrei aktiviert ist.[20] Quengeln als eine weiterentwickelte Form des Schreiens löst in uns den Instinkt aus, sofort etwas tun zu wollen, um es zu beenden. Doch handelt es sich in unserer Wahrnehmung nicht um ein hilfloses Baby, das da schreit, sondern vielmehr ein Kind, das uns zu manipulieren versucht – zumindest wird uns das seit jeher eingebläut. Ich spreche so häufig über Wahrnehmung, weil die Art und Weise, wie wir unsere Kinder wahrnehmen, darüber bestimmt, wie wir mit ihnen umgehen. Sobald wir uns nicht mehr manipuliert fühlen, sondern einen kleinen Menschen sehen, der möchte, dass wir auf seine Bedürfnisse eingehen (und genau das ist dein Kind), können wir die Situation gelassener angehen und unseren Kindern bessere Lehrer sein.

Viele Experten raten dazu, ein quengelndes Kind einfach zu ignorieren, aber ich glaube nicht, dass es für die Beziehung zu unseren engsten Mitmenschen gut sein kann, sie zu ignorieren. Ich schlage dir stattdessen ein paar Maßnahmen vor, die du ausprobieren kannst, wenn dein Kind quengelt.

1. Höre aufmerksam zu. Manchmal geht es einem Kind nur darum, gehört und verstanden zu werden. Zeige dein Mitgefühl, wenn dein Kind sauer ist. Dies ist manchmal schwer zu bewerkstelligen, da unser Hirn die ganze Zeit schreit: »Mach, dass es aufhört!« Doch je öfter du empathisch bist, desto leichter wird es dir fallen.
2. Suche nach dem Grund seines Verhaltens. Es gibt zig Gründe für ein Kind zu quengeln, und manchmal verbirgt sich dahinter ein Schrei nach Bindung und Hilfe. Quengeln kann ein Ventil für angestaute Gefühle sein, manchmal ist das Kind einfach nur müde, überfordert oder hungrig. Gehe auf das Bedürfnis ein, das sich hinter dem Verhalten verbirgt, dann wird dein Kind es bald einstellen.
3. Beuge Quengeln vor, indem du mit deinem Kind lachst und schmust. Hast du gewusst, dass sich Lachen ebenso gut wie Weinen eignet, um angestauten negativen Gefühlen Luft zu

machen? Habt Spaß, lacht zusammen und stärkt eure Bindung, dann wird die Quengelei seltener.

Angenommen, dein Kind ist schon ein wenig älter. Du unterstellst ihm, dass es vorhat, so lange zu quengeln und zu nerven, bis du nachgibst und ihm seinen Wunsch erfüllst. Ich gebe dir ein paar Tipps, wie du dieses Quengeln schon im Keim erstickst und deinem Kind ein besseres Kommunikationsverhalten beibringst.

1. Lehre dein Kind den Unterschied zwischen einer kräftigen und einer weinerlichen Stimme. Vielleicht ist es sich gar nicht darüber bewusst, dass es mit weinerlicher Stimme spricht. Du kannst Marionetten oder Plüschtiere sprechen lassen, um ihm den Unterschied zu verdeutlichen. Wenn es wieder mit weinerlicher Stimme spricht, bitte es, mit seiner starken Stimme zu sprechen.
2. Gib deinem Kind ein bisschen Kontrolle über sein Leben. Manche Kinder quengeln, weil sie sich bevormundet fühlen. Achte darauf, dein Kind spüren zu lassen, dass es ein wertvolles Mitglied eurer Familie ist. Lass es in seinem Alltag eigene Entscheidungen treffen, und gib ihm damit das Gefühl, etwas Kontrolle über sein Leben zu haben.
3. Bringe ihm bei, wie man ein Gespräch führt. Auf diese Weise wird sich dein Kind weniger machtlos fühlen und wichtige Fähigkeiten lernen. Zeige ihm, wie es seine Bedürfnisse und Wünsche respektvoll äußert und wie sich Lösungen finden lassen, die allen gerecht werden. Wenn dein Kind in den Park will, du aber Abendessen vorbereiten musst, könntet ihr beispielsweise aushandeln, dass es dir mit den Vorbereitungen hilft und ihr danach in den Park geht. Wenn dein Kind sicher sein kann, dass du ihm zuhörst und seine Bedürfnisse und Wünsche ernst nimmst, wird es sich wichtiger und verbundener fühlen und keinen Drang mehr verspüren, zu quengeln.

4. Gib nicht nach. Mache deinem Kind klar, dass du seine Wünsche ernst nimmst, verdeutliche ihm aber auch, dass Nein auch Nein heißt. Ich sage immer zu meinen Kindern: »Ich sage so oft wie möglich Ja, aber wenn ich Nein sage, meine ich auch Nein.« Wenn sie mich nochmals fragen, antworte ich: »Ihr habt mich bereits gefragt, und ich habe euch bereits eine Antwort gegeben.« Sobald ihnen klar wird, dass es bei dieser Antwort bleibt, stellen sie die Quengelei ein.

Beuge Quengeln proaktiv vor, indem du:

- Wahlmöglichkeiten anbietest,
- anerkennst, wie wichtig Gefühle sind,
- den Unterschied zwischen einer kräftigen und einer weinerlichen Stimme verdeutlichst,
- die Vorstellungskraft deines Kindes ins Spiel bringst. Wenn es an einem regnerischen Tag quengelt, weil es in den Park will, könntest du beispielsweise sagen: »Ich wette, du wünschst dir, den Regen mit einem lustigen Tanz vertreiben und die Welt mit einem riesigen Fön wieder trocknen zu können. Was denkst du, würde ein Fön funktionieren?«

Ungehorsam

Wenn Eltern behaupten, »Mein Kind hört nicht«, meinen sie in der Regel: »Mein Kind tut nicht das, was ich ihm sage, wenn ich es ihm sage.« Liege ich richtig? Meiner Erfahrung nach hören Kinder fast immer zu (versuche einmal, etwas beiläufig zu flüstern, wenn du das Gefühl hast, sie hören gerade nicht hin); doch sie reagieren nicht, und das ist frustrierend. Wir wollen, dass unsere Kinder mit uns kooperieren, ohne ihnen ein Sache fünf Mal sagen zu müssen. Was können wir dafür machen?

Ironischerweise sorgt die Art und Weise, wie Eltern die Kooperation ihrer Kinder einfordern, meist dafür, dass sie dichtmachen. Forderungen, Gezeter und Vorträge tragen nicht dazu bei, Kooperation zu fördern. Bestrafung oder die Androhung einer solchen zwingen ein Kind zum Handeln, aber das ist nicht echte Kooperation.

Sorge dafür, dass eure Bindung stark bleibt. Wenn du häufig das Problem hast, dass dein Kind nicht hört (also nicht tut, was du sagst), solltest du an eurer Bindung arbeiten. Generell helfen wir dann gerne, wenn wir mit uns und mit den Menschen, denen wir helfen, im Reinen sind. Wie viel Zeit verbringst du bewusst mit deinem Kind? Wirf einen kritischen Blick darauf, was und wie viel du von deinem Kind erwartest. Es ist verständlich, dass es deiner Bitte, ein Bad zu nehmen, nicht sofort nachkommt und freudig ins Badezimmer hopst, wenn es gerade dabei ist, einen tollen Turm aus Legosteinen zu bauen. Es ist völlig in sein Spiel vertieft und das Umschalten auf eine andere Sache fällt den meisten Kindern schwer. Behandle dein Kind genauso respektvoll und vernünftig, wie du gerne behandelt werden möchtest. »Ah, ich sehe, dass du gerade einen megahohen Turm baust. Ich möchte, dass du in zehn Minuten ein Bad nimmst.« Auf diese Weise behandelst du dein Kind respektvoll, und es hat Zeit, sich umzustellen. Denke daran, wie du dich fühlst, wenn du gerade in irgendetwas vertieft bist, und dich dein Kind mit der Bitte um ein Glas Saft herausreißt. Bringe ihm Höflichkeit bei, dann wird es auch dir gegenüber höflich sein.

Ironischerweise sorgt die Art und Weise, wie Eltern die Kooperation ihrer Kinder einfordern, meist dafür, dass sie dicht machen.

Manchmal erlauben die Dinge keinen Aufschub. Ich verstehe das. Wenn irgendetwas erledigt werden muss, und zwar auf der Stelle, findest du hier ein paar Tipps, um den Kooperationswillen deines Kindes zu vergrößern:

1. Sprich mit deinem Kind in einem bestimmten, respektvollen Ton. Achte darauf, dass der Abstand zwischen euch nicht

zu groß ist. Quer durchs Zimmer oder Haus gebellte Befehle sind bei Weitem nicht so effektiv wie direkt zum Kind zu gehen, Augenkontakt herzustellen und erst dann zu reden.

2. Formuliere »Ich-möchte-Aussagen« statt »Kannst-du-Fragen«. Mit der Frage: »Kannst du jetzt deine Spielsachen vom Boden wegräumen?« hat dein Kind die Option, Nein zu sagen, da es sich um eine Frage, nicht um eine Forderung handelt. Die Forderung, »Ich möchte, dass du jetzt deine Spielsachen vom Boden wegräumst«, ist nicht verhandelbar.
3. Frage nur einmal und handle. Es gibt wohl kaum etwas Nervigeres, als einem Kind immer wieder dieselbe Frage zu stellen und keine Antwort darauf zu erhalten. Daher mein Tipp: Stelle deine Forderung nicht mehrmals. Wähle einen freundlichen, respektvollen Tonfall und formuliere sie genau einmal. Halte sie kurz und leicht verständlich. Suche Augenkontakt oder vergewissere dich, dass dein Kind dich verstanden hat, indem du fragst, ob es verstanden hat. Sollte es deiner Bitte nicht nachkommen, handle. Wenn du es beispielsweise darum gebeten hast, seine Kleider wegzuräumen, gehe zu ihm, stelle Augenkontakt her und sage: »Zeit, deine Kleider wegzuräumen.« Führe es zu dem Kleiderhaufen und achte darauf, dass es seine Aufgabe erledigt, bevor es den Raum verlässt. Mir ist klar, dass dies aufwendig ist, und dass du gerne hättest, dass dein Kind seine Aufgabe sofort und ohne Überwachung erledigt, aber auf lange Sicht ist es der effektivere Weg. Wenn du nur einmal fragst und dann sofort zur Tat schreitest, wird dein Kind schnell lernen, dass du erwartest, dass es aufs erste Mal gehorcht. Sollte das Problem weiterbestehen, kümmere dich um die wichtigste Voraussetzung – eure Verbindung. Wenn du so lange fragst und bittest, bis du die Nerven verlierst und herumbrüllst, wird dein Kind verinnerlichen, dass es erst handeln muss, wenn du laut wirst. Vielleicht bedeutet diese Methode zu Beginn

mehr Aufwand für dich, doch erspart sie dir auf lange Sicht eine Menge Frust.

Sei proaktiv und beuge Kooperationsproblemen vor, indem du:
- auf eine starke Verbindung zwischen dir und deinem Kind achtest,
- in Übergangssituationen achtsam agierst und ihm genug Zeit gibst, sich darauf einzustellen,
- dich nicht ständig wiederholst. Bringe deinem Kind bei, zu gehorchen, indem du zeitnah zur Tat schreitest, nachdem es deiner ersten Bitte nicht innerhalb einer angemessenen Zeit nachgekommen ist.

Wutanfälle

Unsere Wahrnehmung von Wutanfällen ist verantwortlich dafür, dass wir rotsehen, nicht die Wutanfälle an sich. Wir interpretieren sie als Trotzreaktion, Manipulation oder Anzeichen dafür, dass ein Kind verzogen ist. Doch in Wahrheit drücken besonders jüngere Kinder mit Wutanfällen aus, dass sie nicht mit ihren Gefühlen zurechtkommen. Weder Kinder noch Eltern haben, beziehungsweise ertragen gerne Wutanfälle. Wenn wir Wutanfälle nicht mehr als Trotzreaktion, sondern als Hilfeschrei wahrnehmen, sind wir in der Lage, unserem Kind zu helfen und unsere Beziehung zu ihm zu stärken.

Forschungsergebnisse zur Entwicklung von Kindern besagen, dass es Kindern an Selbstkontrolle mangelt, weil ihr präfrontaler Cortex noch nicht voll entwickelt ist. Es handelt sich dabei um den Bereich des Gehirns, der für die Regulierung von Emotionen und sozialem Verhalten zuständig ist. Es passiert Folgendes: Dein Kind empfindet eine starke Emotion, wie etwa Frustration, Wut oder Trauer. Sein Gehirn aber kann damit nichts anfangen und schaltet in den Panikmodus, auch bekannt als »Kampf-Flucht-oder-Totstell-Reflex«. Wir haben das alle schon erlebt. Warst du schon einmal so wütend, dass du eine Tür zugeknallt hast? Wenn es selbst uns Erwachsenen schwerfällt, unsere Gefühle ständig unter Kontrolle zu haben, wie schwer muss es dann für ein Kind sein, das sich mitten in seiner Entwicklung befindet und noch so viel zu lernen hat?

Herkömmliche Elternratgeber empfehlen, das Kind während eines Wutanfalls zu ignorieren. Doch dies vermittelt die Botschaft, dass wir nicht für unser Kind da sind, wenn es aufgebracht ist, oder schlimmer noch, dass wir es nur dann akzeptieren und in unserer Nähe haben wollen, wenn es Gefühle äußert, die wir mögen. Keiner will ignoriert werden, wenn er gestresst ist. Wir sind soziale Wesen, die dafür gemacht sind, Bindungen einzugehen, also verbinde dich mit deinem wütenden Kind, wenn ihm das hilft, sich zu beruhigen. Umarme es, während es seinen negativen Gefühlen freien Lauf lässt. Solltest du die Befürchtung haben, dass du es so für seinen Wutanfall »belohnst«, rufe dir eine Situation in Erinnerung, in der du selbst richtig aufgebracht warst und dein Partner oder deine Freundin Mitgefühl gezeigt und dir eine Schulter zum Ausweinen geboten hat. Hattest du danach den Wunsch, dich wieder von deinen Gefühlen übermannen zu lassen? Sicherlich nicht. Keiner mag es, völlig durch den Wind zu sein. Wenn du deinem Kind während eines Wutanfalls dein Mitgefühl zeigst, belohnst du es nicht für sein Verhalten. Du erfüllst dadurch lediglich sein Bedürfnis nach Bindung und Verständnis. Sollten deine Zärtlichkeit und dein Mitgefühl noch Öl ins Feuer gießen, nimmst du ein wenig Abstand und erlaubst deinem Kind Dampf abzulassen. Lass es wissen, dass du da bist, falls es eine Umarmung braucht.

Es ist äußerst wichtig, Kinder während eines Wutanfalls zu unterstützen. Ebenso wichtig aber ist es, nicht von dem Standpunkt abzuweichen, der eventuell für seinen Gefühlsausbruch verantwortlich ist. Seinem Drängen nachzugeben, signalisiert deinem Kind, dass deine Grenzen verhandelbar sind. Beharre auf ihrer Einhaltung und zeige deinem Kind zugleich, dass du mit ihm mitfühlst.

Auch bei einem älteren Kind mit einem weiterentwickelten präfrontalen Cortex ist es wichtig, auf der Einhaltung von Grenzen zu bestehen und zugleich Mitgefühl zu zeigen. Du übermittelst ihm dadurch die Botschaft: »Ich höre dich, und du bist wichtig.« Aus der schlichten Tatsache, dass du den Forderungen, die den Wutanfall auslösen, nicht nachgibst, wird dein Kind schnell seine Schlüsse ziehen und einsehen, dass es mit diesem Verhalten nicht zum Ziel kommt. Sollte es sich bei dem Wutanfall nicht um echte, überkochende Gefühle, sondern mehr um ein Machtspiel handeln, rate ich dir, das Verhalten und *nicht das Kind* zu ignorieren. Es geht nicht darum, ihm die kalte Schulter zu zeigen, sondern auf den Wutanfall nicht zu reagieren. Du bist angesichts der ganzen Situation völlig neutral. Du lässt nicht zu, dass die emotionale Reaktion deines Kindes bei dir eine emotionale Reaktion auslöst. Wenn ein Schulkind während eines Wutanfalls aggressiv wird, schlägt, boxt oder mit Gegenständen schmeißt, ist dies Hinweis darauf, dass es Hilfe im Umgang mit seinen Gefühlen braucht, jedoch keine Bestrafung. Achte darauf, dass niemand während eines solchen Wutanfalls verletzt wird. Dies kann bedeuten, dass du zu deinem aggressiven Kind auf Abstand gehst oder andere Familienmitglieder in Sicherheit bringst. Du kannst sagen: »Ich sehe, dass du wütend bist. Ich erlaube dir nicht, zu schlagen. Gehe in deine Ruhezone und beruhige dich ein bisschen.« Sobald sich der Sturm gelegt hat, be-

Wenn du deinem Kind während eines Wutanfalls dein Mitgefühl zeigst, belohnst du es nicht für sein Verhalten. Du erfüllst dadurch lediglich sein Bedürfnis nach Bindung und Verständnis.

sprichst du mit deinem Kind sein aggressives Verhalten. Erkläre ihm, dass seine Gefühle akzeptabel sind, nicht aber sein Handeln. Bringe ihm Entspannungstechniken, wie Atemübungen oder Klatschen bei, die ihm helfen, mit seiner Frustration und Wut klarzukommen. Durch Bestrafung wird ein Kind nicht lernen, mit seinen Wutanfällen umzugehen. Wir können nicht von unseren Kindern erwarten, mit großen Gefühlen souverän umzugehen, solange wir ihnen nicht das nötige Rüstzeug an die Hand geben.
Sei proaktiv und verhindere Wutanfälle, indem du:

- für ausreichende Erholungszeiten und körperliche Bewegung sorgst.
- potenzielle Auslöser für Wutanfälle (Übermüdung, Hunger) erkennst und vermeidest.
- die Time-in-Methode und eine Ruhezone verwendest. Mit der Zeit wird dein Kind lernen, sich selbst zu beruhigen, bevor es explodiert.
- deinem Kind emotionale Intelligenz beibringst. Wenn es erst einmal in der Lage ist, seine Gefühle verbal auszudrücken, werden die Wutanfälle weniger.

Freche Antworten

Die Art und Weise, wie Eltern mit den frechen Antworten ihrer noch kleinen Kinder umgehen, entscheidet darüber, ob dieses Verhalten im Laufe der Jahre zu einem wiederkehrenden Problem wird. Jedes Kind fordert seine Eltern hin und wieder heraus. Durch den Aufbau einer respektvollen und innigen Beziehung zu ihrem Kind können Eltern die Wahrscheinlichkeit, dass ein chronisches Verhaltensproblem entsteht, deutlich minimieren.

An dieser Stelle sei betont, dass kleine Kinder erst lernen müssen, sich von ihren Eltern zu lösen und sich selbst zu behaupten. Verhalten, das manchen Eltern frech erscheint, ist in Wahrheit nichts anderes, als das Streben ihres Kindes nach Autonomie. Positive Eltern respektieren dieses Bedürfnis und bringen ihrem Kind bei, wie es auf angemessene und respektvolle Weise kommuniziert.

Am allerwichtigsten ist es, unseren Kindern mit gutem Beispiel voranzugehen. Dies bedeutet, respektvoll mit unseren Kindern umzugehen und ihnen ein gutes Vorbild zu sein. Brüllen wir selbst gerne herum, werden es auch unsere Kinder tun. Ignorieren wir ihre Bitten ohne eine Erklärung, werden sie unsere ignorieren. Wir müssen ihnen zeigen, wie respektvolle Kommunikation aussieht und mit gutem Beispiel vorangehen.

Wenn du ein Anliegen hast und Diskussionen vermeiden willst, solltest du es als Aussage, beziehungsweise Forderung und nicht als Bitte formulieren. Kinder verstehen das, was du sagst, wörtlich. Bei der Frage: »Räumst du deine Spielsachen auf?« glaubt dein Kind daher, eine Wahl zu haben. Versuche stattdessen zu sagen: »Räume jetzt bitte deine Spielsachen auf.« Wenn dein Kind deine Bitte mit »Nein« oder »Ich habe keine Lust« beantwortet, denke daran, dass es damit übt, sich selbst zu behaupten und seine Meinung zu äußern. Dies bedeutet nicht, dass du dich mit seiner Antwort zufriedengeben und seine Spielsachen selbst aufräumen sollst. Vielmehr geht es darum, im Hinterkopf zu haben, dass sich dein Kind nicht dir widersetzen will, und du somit keinen Grund hast, wütend zu werden.

Bei kleineren Kindern kannst du das Aufräumen als kleinen Wettkampf mit Stoppuhr inszenieren oder eine »Sobald du …, darfst du …«-Formulierung verwenden, z. B. »Sobald du deine Spielsachen aufgeräumt hast, darfst du draußen spielen gehen.« Wenn dein Kind eine Grenze, die du ihm setzt, nicht einsieht, versuche dich nicht mit ihm zu zanken. Erkenne seinen Wunsch an, sage ihm, dass seine Gefühle berechtigt sind, lege ihm einmal deine Argumentation dar und formuliere dann eine kurze, respektvolle Aussage, mit der du die Diskussion beendest, beispielsweise, »Darauf habe ich dir schon geantwortet« oder »Darüber werde ich nicht mit dir streiten«. Sollte dein Kind verletzend oder unhöflich werden, indem es z. B. »Ich hasse dich!« oder »Du bist blöd!« zu dir sagt, solltest du dir klarmachen, was es eigentlich damit sagt: »Ich bin so wütend, und ich weiß nicht, wie ich damit umgehen soll.« Jedes Gefühl hat seine Berechtigung, aber nicht jedes Verhalten. Lass dein Kind daher wissen, dass du ihm zuhörst und verstehst, dass es wütend ist, es aber einen anderen Weg finden muss, seine Wut auszudrücken. Du könntest sagten: »Es ist nicht in Ordnung, so mit mir zu reden. Ich verstehe, dass du aufgebracht bist, aber greife mich bitte nicht an, wenn du mit mir redest. Wenn dir das gerade nicht möglich ist, nimm dir eine Auszeit und komm zu mir, wenn du bereit bist.« Sorge dafür, dass die Diskussion nicht aus dem Ruder läuft und vermeide Gefühlsausbrüche. Wenn du dein Kind richtig anleitest und Verständnis zeigst, wird es mit der Zeit lernen, seine Gefühle richtig einzuordnen und angemessen auszudrücken.

Halte dir immer vor Augen, dass Kinder Konfliktlösungsstrategien anhand echter Konflikte lernen! Wie soll ein Kind lernen, wenn es immerzu heißt »Friss oder stirb!« und es kein Mitspracherecht bekommt? Es ist eine gute Übung für dein Kind, zu lernen, wie es strukturiert seine Version der Geschichte erläutert, also lass es ab und zu üben. »Warum ist dir das wichtig?« »Hast du noch andere Ideen?« »Das ist der Grund, warum ich es nicht erlaube.«

Im Folgenden fasse ich nochmals die wichtigsten Maßnahmen gegen freche Antworten zusammen:

- Achte auf die echten Beweggründe hinter den Worten deines Kindes, dann hast du keinen Grund, das Gesagte persönlich zu nehmen. Das Gefühl, nicht respektiert zu werden, wird nicht bei dir getriggert.

- Drücke dein Mitgefühl aus, vermittle deinem Kind, dass du ihm zuhörst und dir seine Gefühle und Wünsche wichtig sind (ein nachahmenswertes Verhalten), während du zugleich auf der Einhaltung von Regeln beharrst. Machtkämpfe werden so überflüssig.
- Höre deinem Kind zu und sei offen. Du bist keine schwache Mutter, wenn du dir die Zeit nimmst, die Argumente deines Kinds zu hören und nach einer guten Diskussion vielleicht sogar dazu bereit bist, deine Meinung zu ändern. Du beweist ihm dadurch deine Flexibilität, dein Verantwortungsgefühl und deinen Respekt. Sollte der Sachverhalt nicht verhandelbar sein, nenne den Grund und beende dann höflich das Gespräch.

Sei proaktiv und beuge frechen Antworten vor, indem du

- deinem Kind, wie in Kapitel 4 beschrieben, beibringst, wie es positiv kommuniziert. Zeige ihm, wie es seinen Standpunkt respektvoll vorträgt und ein Nein als Antwort akzeptiert.
- dich fragst, ob du bisher eher zu streng oder zu nachlässig warst. Beides führt zu frechen Antworten.
- dich bei deinem Kind entschuldigst, wenn du dich ihm gegenüber respektlos verhalten hast. Schaffe ein neues Klima gegenseitigen Respekts.

Du wirst als Mutter immer wieder mit schwierigem Verhalten konfrontiert werden. Wenn ich als Mutter eines gelernt habe, dann, dass oft Zeit die Lösung ist. Kinder machen im Laufe ihrer Entwicklung und Reifung bestimmte Phasen durch. Sie kommen und gehen. Ich habe mit meinen Kindern schon einige Phasen durchlebt, nicht enden wollende Phasen, Phasen, die mich an mir als Mutter zweifeln ließen und von denen ich dachte, dass wir sie nicht überstehen würden. Und ich weiß, dass mich in meinem Leben als Mutter noch einige Phasen erwarten werden. Eine Tatsache spendet mir dabei Trost und erfüllt mich zugleich mit Wehmut: Alles hat ein Ende.

Du hast diesen Satz sicher schon gehört. Er ist nichts Neues. Du weißt, wie schnell sie groß werden. Gerade als übernächtigte, erschöpfte, junge Eltern tun wir diesen Satz als nicht hilfreich ab. Glaube mir, ich weiß, wie sehr du dich nach Unterstützung, Zeit für dich, acht Stunden Schlaf und einem Tag ohne Babygeschrei sehnst – und nicht nach jemandem, der dir sagt, dass du jede Sekunde genießen sollst, weil die Zeit so schnell vergeht. Ich verstehe, dass man sich schnell bevormundet fühlt. Aber mein Rat kommt von Herzen, und wenn du ihn auf dich wirken lässt, wird er dir über die schlechten Zeiten hinweghelfen.

Die anstrengenden Phasen werden irgendwann vorbei sein. Mit ihrem Ende kommt die Erleichterung, aber auch der Herzschmerz, weil dir klar wird, dass dich deine Kinder jetzt ein bisschen weniger brauchen als früher. Keiner kann den Lauf der Zeit verlangsamen. Wir können die schlechten Zeiten genauso wenig beschleunigen, wie wir die glücklichen festhalten können. Wir müssen sie so nehmen, wie sie kommen. Wir müssen versuchen, das Beste aus den schlechten zu machen und die guten in vollen Zügen zu genießen, weil alles im Fluss ist. Dein kleiner Junge oder dein kleines Mädchen wird groß werden, und auch du wirst deine Rolle als Mutter immer wieder neu definieren müssen. Das ist der Grund, warum das Elternsein so wunderschön und traurig zugleich ist.

Ich hoffe sehr, dass dir mein Buch dabei geholfen hat, dich als Individuum weiterzuentwickeln und den Zusammenhalt in eurer Familie zu stärken. Ich hoffe, dass es eure Verbindung gestärkt hat und ihr voll Zuversicht in die Zukunft schaut. Am allermeisten aber hoffe ich, dass du am Ende dieses Buchs dieselbe Entschlossenheit verspürst, wie ich beim Schreiben dieser letzten Zeilen: die Entschlossenheit, die beste Mutter zu sein, die du nur sein kannst, und Beziehungen entstehen zu lassen, die die Seele nähren. Denn letzten Endes sind Beziehungen die wichtigste Errungenschaft im Leben. Nichts ist wichtiger als die bleibenden Bindungen innerhalb einer Familie.

Praktische Anwendung

Beginne früh damit, deinem Kind beizubringen, wie es seine Emotionen regulieren kann, am besten noch bevor es aggressives Verhalten zeigt. Sprich mit ihm darüber, was es tun kann, wenn es wütend ist. Zeige ihm einfache Techniken, die es bei Wut anwenden kann, z. B. Stampfen, Klatschen oder Auf- und Niederhüpfen.

- Stelle die Regel auf, dass Aggression und Gewalt nicht toleriert werden, und sorgen, konsequent für ihre Einhaltung.
- Bringe deinem Kind bei, wie es mit kräftiger Stimme spricht. Erkläre ihm den Unterschied zwischen einer kräftigen und einer weinerlichen Stimme.
- Bringe ihm bei, wie es seine Anliegen respektvoll vortragen kann.
- Überlasse deinem Kind ein wenig Kontrolle über seinen Alltag, indem du es gewisse Dinge selbst entscheiden lässt. Dies reduziert Quengeln und Wutanfälle.
- Beuge Wutanfällen in der Öffentlichkeit vor und sorge dafür, dass dein Kind weder übermüdet noch hungrig ist. Wenn ihr den ganzen Tag unterwegs seid, plane Pausen auf dem Spielplatz oder einem anderen Ort ein, an dem sich dein Kind austoben kann. Mache ihm klar, was du von ihm erwartest und was es von dir erwarten kann, wenn ihr unterwegs seid.
- Bringe deinem Kind positive Kommunikation und die Fähigkeit, Konflikte zu lösen, bei.

Ein Wort der Ermutigung

Liebe Eltern,
Eine verbundene Familie zu werden, ist eine Reise. Bitte erwartet nicht, dass dieses ganze Erziehungsding reibungslos über die Bühne gehen wird. Ihr werdet Hürden nehmen und Umwege gehen müssen. Probleme werden auftauchen und wieder verschwinden. Verbunden zu sein bedeutet nicht, perfekt zu sein. Es bedeutet, einander zu lieben, trotz aller Unzulänglichkeiten.
Positive Parenting meint, ein Ziel vor Augen zu haben und bereit zu sein, sich weiterzuentwickeln, doch perfekt braucht ihr nicht zu sein. Du wirst nicht die perfekte Mutter oder der perfekte Vater sein. Eure Kinder werden nicht perfekt sein. Das ist in Ordnung so! Glücklicherweise heißt *Positive Parenting,* nicht nur unseren Kindern gegenüber bedingungslose Liebe und Nachsicht walten zu lassen, sondern auch uns selbst gegenüber. Wenn ihr stolpert und fallt, helft euch gegenseitig hoch und macht einfach weiter.
Tragt immer ein Babyfoto eures Kindes bei euch. Betrachtet das Foto in schwierigen Zeiten. Wenn euer Kind euch fertigmacht, und ihr denkt, dass ihr es keine Minute mehr aushaltet, holt das Foto heraus und schaut es an. Achtet auf die Augen eures Kindes und erinnert euch an das Gefühl, als ihr ihm zum ersten Mal in die Augen geschaut habt, als diese Augen sich zum ersten Mal auf euch gerichtet haben und es euch den Atem verschlagen hat. Es sind dieselben wunderschönen Augen, in die ihr heute schaut.

Vielleicht sind Freunde oder Familienmitglieder mit euren Erziehungsmethoden nicht einverstanden. Vielleicht denken sie, dass ihr strenger sein solltet, dass ihre euer Kind verzieht. Aber seid versichert: Es hat sich noch kein Kind schlecht entwickelt, weil sich seine Eltern zu sehr darum gekümmert haben. Vergesst, was die anderen sagen und behaltet euer Ziel vor Augen: eine verbundene Familie zu werden. Mit Liebe und Aufmerksamkeit könnt ihr es nicht übertreiben, weder bei eurem Partner noch bei euren Kindern. Überschüttet euch und eure Kinder damit, denn keiner weiß, was morgen ist.

Ich weiß nicht auf alle Fragen eine Antwort, aber ich habe die Lösung für fast jedes Problem im Leben: Liebe. Liebt die Euren. Liebt euren Partner, eure Kinder – sie sind die Euren. Liebt sie so gut ihr könnt und haltet euch nicht zurück. Ein Leben voller Liebe ist ein gutes Leben. Ich verspreche euch, dass ihr es niemals bereuen werdet, geliebt zu haben.

Noch ein letzter Ratschlag: Stellt euch eine einfache Frage, wenn ihr abends zu Bett geht: Sind meine Lieben heute mit dem Gefühl eingeschlafen, geliebt und geschätzt zu werden? Wenn die Antwort Nein lautet, steht auf, und unternehmt etwas dagegen. Oder beschließt zumindest, es morgen besser zu machen. Ist die Antwort Ja – Ja, die Meinen sind heute mit dem Gefühl, geliebt und geschätzt zu werden, eingeschlafen – dann schlummert süß, liebe Eltern. Ihr macht alles richtig.

In Liebe und Dankbarkeit,

Rebecca Eanes

An mein geliebtes Kind

Ich verspreche, dich mit all meinem Mut für immer
zu lieben. Ich werde dir vorangehen mit Weisheit
und Nachsicht. Komm mit mir, mein Kleines,
und wir werden gemeinsam lernen und wachsen.
Ich werde deine Kindschaft
und deine Menschenwürde anerkennen.
Ich werde immer das Licht in dir sehen und es auf dich
zurückstrahlen, um dir dabei zu helfen, deinen Weg zu finden.
Du bist sicher hier, mein Liebes. Ruhe dich aus. Fühle dich
frei, ganz du selbst zu sein, ganz und gar, und wisse, dass du
aus vollem Herzen geliebt wirst, so wie du bist.
Dein Lächeln bringt meine Welt zum Strahlen.
Dein Lachen lässt mein Herz jauchzen.
Dein Staunen hilft mir zu sehen.
Dein Glück lässt meine Seele hochleben.
Du lehrst mich so viel über das Leben.
Ich bin dankbar für dich.
Ich werde dich immer ermutigen. Ruf mich, wenn du
jemanden brauchst, der dich daran erinnert, wie gut, stark,
mutig und widerstandsfähig du bist. Ich bin hier.
Ich hoffe, du weißt welch Wunder du bist. Du bist einzigartig,
einmalig und ein Segen für mich.
Möge dein Leben erfüllt sein von dem Frieden,
der Leidenschaft, dem Glück und der Liebe,
die du bei uns erfahren hast.

Danksagung

Folgenden Menschen möchte ich für ihren Beitrag zu diesem Buch danken:

Meiner Agentin Sandra Bishop, danke, dass du an mich geglaubt hast. Es ist ein Segen, dich an meiner Seite zu wissen.

Meiner Herausgeberin, Marian Lizzi und dem Team bei Perigee, es war mir eine Freude, mit Ihnen zu arbeiten. Dank Ihnen habe ich das Werden des Buchs genießen können. Danke, dass Sie an meine Botschaft glauben.

Meinen Freundinnen Amy Bryant und Rachel Macy Stafford, die immer ein offenes Ohr und eine Schulter zum Anlehen für mich hatten. Danke für eure Ermutigung.

Kelli B. Haywood, dass sie das Manuskript gelesen und mir wertvolle Tipps gegeben hat. Du hast immer einen Ausweg gefunden, wenn ich in der Klemme saß. Deine Worte haben mich immer bestärkt weiterzumachen. Ich danke dir.

All meinen lieben Freunden, die mich während des Schreibens unterstützt haben. Ich liebe euch alle. Ihr habt mich angefeuert, als ich aufgeben wollte. Ihr seid ein wahrer Segen. Ich werde euch immer dankbar sein.

Meiner »*Positive Parenting: Toddlers and Beyond*«-Facebook-Gemeinde, danke für eure Unterstützung. Mit jedem Posting habt ihr mir dabei geholfen, die Botschaft von *Positive Parenting* zu verbreiten. Ihr verändert die Welt!

Im Laufe der Jahre hat mich die Arbeit von Dr. Laura Markham, L. R. Knost, Lu Hanessian, Lori Petro, Janet Lansbury, Dr.

Dan Siegel, Dr. Tina Payne Bryson, Gordon Neufeld, Becky Bailey, Patty Wipfler und vieler anderer Fürsprecher einer positiven, achtsamen Erziehung beeinflusst und inspiriert. Danke, dass Sie mir einen besseren Weg zeigten.

Allen Fürsprechern achtsamer Erziehung aus meiner Gemeinde. Jeder von euch hat mich inspiriert und mir geholfen, mich weiter zu entwickeln. Mein Dank gilt Alison Smith, Amanda Rue, Amy McCready, Amy Phoenix, Andrea Nair, Andy Smithson, Ariadne Brill. Bridgett Miller, Casey O'Roarty, Eric Greene, Genevieve Simperingham, Jaqueline Green, Josh Kitzmiller, Katie Hurley, Lelia Wes Schott, Marilyn Price-Mitchell, Nicole Schwarz, Susan Stiffelman, Alissa Marquess, Chelsea Lee Smith, Dayna Abraham, Shawn Fink, Leslie Potter, Samuel Martin und vielen anderen! Es ist mir eine Ehre, euch zu kennen.

Der wunderbaren Familie, in die ich eingeheiratet habe. Ich werde für immer dankbar dafür sein, euch meine Familie nennen zu dürfen. Danke an Roma, für alle die goldrichtigen Ratschläge, die mich zu einer besseren Mutter gemach haben. Besonders aber danke ich dir, den Mann großgezogen zu haben, der nun der Vater meiner Kinder ist. Ich hoffe, mir gelingt dieses Erziehungsding ähnlich gut wie dir.

Meinen Eltern, Sharlyne und Teddy, die mich seit Kindesbeinen dazu ermutigt haben, zu schreiben. Danke, dass ihr an mich glaubt. Ohne eure Liebe und Unterstützung wäre ich nicht da, wo ich heute bin.

Gavin, meinem Doodle Bear. Wegen dir entschied ich mich für eine andere Erziehung. Wahrscheinlich hast du mir mehr beigebracht, als ich dir jemals beibringen werde. Danke, dass du mir geholfen hast, mich weiterzuentwickeln. Du inspirierst mich jeden einzelnen Tag. Sei gewiss, dass du ein helles Licht auf dieser Welt bist und dass sie dich braucht. Du bist ein wahrer Segen.

Aiden, meinem Little Bear. Deine ungewöhnliche Liebe hat mich dazu gebracht, ein besserer Mensch zu werden. Du genießt dein Leben in vollen Zügen, und ich hoffe, es dir gleichzutun. Dein Glück ist ansteckend, egal wo du hingehst. Du machst aus dieser Welt einen besseren Ort. Danke, dass du mich eine Million Mal zum Lachen bringst.

Meinem geliebten Mann. Seit über zwanzig Jahren bist du meine große Liebe. Dein Licht wies mir den Weg aus meiner Dunkelheit. Dabei hast du mich angefeuert und jeden meiner Schritte mit mir gefeiert. Du bist mein allerbester Freund. Danke, dass du unseren Jungen als Vater ein Vorbild bist, das sie uneingeschränkt übernehmen können. Ich werde dich immer lieben.

Danke, Gott, für deine Liebe, Güte und Gnade. Du bist das ultimative Beispiel für bedingungslose Liebe.

Über die Autorin

Rebecca Eanes ist die Gründerin von *Positive-parents.org* sowie der Facebook-Gemeinde *Positive Parenting: Toddlers and Beyond*. Sie ist Autorin des Buches *The Newbie's Guide to Positive Parenting*, außerdem ist sie Co-Autorin von *Positive Parenting in Action: The How-To Guide für Putting Positive Parenting Principles into Action in Early Childhood*. Sie verfasst Gastbeiträge für *Creative Child Magazine* und *Baby Maternity Magazine*.

Rebecca ist eine Mutter, die den Paradigmenwechsel von traditionellen Erziehungsmethoden zu *Positive Parenting* geschafft hat. Sie teilt ihre Erfahrungen und hart verdienten Erkenntnisse mit ihrer schnell wachsenden Facebook-Gemeinde. Zu erleben, wie tiefgreifend sich ihre Familie dank starker Bindungen verändert hat, inspirierte Rebecca dazu, ihre Botschaft an andere Eltern zu senden, in der Hoffnung, dass auch sie zu mehr Nähe und Frieden finden.

Sie ist mit ihrer Jugendliebe verheiratet und liebt es, Tag für Tag die kleinen, wunderbaren Momente mit ihren beiden Söhnen zu genießen.

Rezensionen zu Positive Parenting

»Kaum ein Buch hat mir auf meinem eigenen Weg als Mutter so geholfen wie dieses. Denn Rebecca Eanes plädiert darin nicht nur mit Herzblut und Verve für ein Familienleben, das auf Vertrauen, Verbindung und Verständnis basiert. Sie erklärt auch ganz konkret, wie das im turbulenten Alltag mit Kindern aussehen und gelingen kann.«
Nora Imlau, Autorin von *So viel Freude, so viel Wut*

»Rebecca Eanes leistet mit ihren aufschlussreichen, wirksamen und praktischen Ratschlägen zur Schlichtung familiärer Konflikte und Bildung liebevoller Bindungen einen wertvollen Beitrag zur Kindererziehung. Sie hat eine hervorragende Methode erarbeitet, mit deren Hilfe Eltern ihr Familienleben nachhaltig verändern können. Für alle Familien, die sich nach mehr Frieden und Harmonie sehnen, ist dieses Buch eine Pflichtlektüre.«
Dr. Shefali Tsabary, Autorin des New York Times Bestsellers *Entdecke dich selbst durch dein Kind*

»Mir kamen zwei Wörter in den Sinn, als ich dieses weise Buch verschlang: positive Wege. Egal wie schwierig unsere familiäre Situation auch sein mag, egal wie lange wir uns schon in einer Abwärtsspirale befinden, bietet uns dieses Buch Wege hin zu mehr Frieden, Verbindung und wahrem Glück. Mit praktischen Beispielen, detaillierten Schritt-für-Schritt-Anweisungen und Fragen, die einen im Innersten rühren, zeigt uns Rebecca Eanes, wie wir unser volles Potenzial ausschöpfen, als Eltern, Partner und Mitmenschen. *Positive Parenting* beschreibt einen Weg, auf dem wir unser Leben in all seinen Facetten so

positiv wie möglich betrachten, und dadurch unsere Lebensgeschichte neu schreiben.«
Rachel Macy Stafford, Autorin des New York Times Bestsellers, *Der Tag, an dem ich aufhörte, »Beeil Dich« zu sagen.«*

»Rebecca Eanes hat verstanden, was Mütter und Väter daran hindert, die Eltern zu sein, die sie gerne wären. In *Positive Parenting* liefert sie eine konkrete Anleitung zu mehr Selbstdisziplin, Verbindung, Mitgefühl sowie Techniken, die Eltern (und ihren Kindern!) dabei helfen, die beste Version ihrer selbst zu werden.«
Andrea Nair, MA, CCC, Psychotherapeutin, Elternberaterin und Gründerin der App *Taming Tantrums app*

»Rebecca Eanes zeigt modernen Eltern in *Positive Parenting* sehr anschaulich, dass sie es selbst in der Hand haben, gesunde, erfolgreiche Kinder großzuziehen, indem sie eine nährende, von Mitgefühl geprägte Beziehung zu ihnen aufbauen. Untermauert mit Forschungsergebnissen aus Neurowissenschaft und Persönlichkeitsentwicklung, fordert Eanes Eltern dazu auf, sich gemeinsam mit ihren Kindern weiterzuentwickeln, und zeigt, wie diese parallele Weiterentwicklung jungen Menschen dabei hilft, ihre volles Potenzial auszuschöpfen. Für alle, die ihre Kinder so sehr lieben, dass sie bereit sind, sich als Eltern grundlegend zu hinterfragen, ist dieses Buch eine Pflichtlektüre.«
Marilyn Price-Mitchell, PhD, Autorin von *Tomorrow's Change Makers: Reclaiming the Power of Citizenship for a New Generation*

»In ihrem einzigartigen Buch geht es Rebecca Eanes nicht nur um Disziplin, sondern um Kindererziehung als großes Ganzes. Wenn Sie als Eltern mehr wollen – mehr Glück, mehr Frieden, mehr Kooperation – dann empfehle ich Ihnen *Positive Parenting!*«
Jessica Alexander, Co-Autorin von *Warum dänische Kinder glücklicher und ausgeglichener sind: Die Erziehungsgeheimnisse des glücklichsten Volks der Welt*

Anmerkungen

1. Segal, Jeanne und Jaffe, Jaelline, »Attachment and Adult Relationships«, University of Idaho, September 2015, siehe: https://www.uidaho.edu/-/media/UIdaho-Responsive/Files/law/students/class-assignments/Spring-2017/Law964ChildLawAttachmentTheoryEllis.ashx?la=en&hash=E433D38BE2740C29766CC1114FDEB1B86601A576.
2. Ebenda.
3. Luby, Joan L., Barch, Deanna M., Belden, Andy, Gaffrey, Michael S., Tillman, Rebecca, Babb, Casey, Nishino, Tomoyuki , Suzuki, Hideo und Botteron, Kelly N., »Maternal Support in Early Childhood Predicts Larger Hippocampal Volumes at School Age«, in: *Proceedings of the National Academy of Sciences* 2012, S. 2854–2859, siehe: www.pnas.org/cgi/doi/10.1073/pnas.1118003109.
4. Siegel, Daniel J. und Payne Bryson, Tina, Disziplin ohne Drama. Achtsame Kommunikation mit Kindern, Freiburg im Breisgau 2015, S. 65–103.
5. Graham, Linda, »The Neuroscience of Attachment«, Linda Graham, MFT, Resources for Recovering Resilience, 13. Juli 2014, siehe: https://lindagraham-mft.net/the-neuroscience-of-attachment/.
6. Cook, Gareth, »Why We Are Wired to Connect«, in: *Scientific American*, 22. Oktober 2013, siehe: https://www.scientificamerican.com/article/why-we-are-wired-to-connect/.
7. Castelloe, Molly S., »How Spanking Harms the Brain«, in: *Psychology Today*, 12. Februar 2012, siehe: https://www.psychologytoday.com/us/blog/the-me-in-we/201202/how-spanking-harms-the-brain.
8. Fentress, Debra, »Neural Pathway Restructuring«, Neural PathwayRestructuring, 14 Juli 2014, siehe: http://www.neuralpathwayrestructuring.com/home.html.
9. Gottman, John, Glücklich verheiratet? Warum Ehen gelingen oder scheitern. Testen Sie die Chancen Ihrer Partnerschaft, München 1995, S. 31.

10. Ebenda, S. 88ff.
11. Stephen R. Covey, Die 7 Wege zur Effektivität: Prinzipien für persönlichen und beruflichen Erfolg, Offenbach am Main 2018, S. 243
12. Cannon, H. Brevy, »U.VA. Study Identifies Four Family Cultures in America«, UVA Today. University of Virginia, 15. November 2012, siehe: https://news.virginia.edu/content/uva-study-identifies-four-family-cultures-america.
13. Hurley, Katie, »Is Low Selfesteem Contagious?«, Everyday Family, 8. Dezember 2014, siehe: https://www.everydayfamily.com/slideshow/low-self-esteem-contagious/.
14. Goleman, Daniel, »Family Rituals May Promote Better Emotional Adjustment«. in: *New York Times*, 11. März 1992, siehe: https://www.nytimes.com/1992/03/11/news/family-rituals-may-promote-better-emotional-adjustment.html.
15. Markham, Laura, *Peaceful Parent, Happy Siblings*, New York 2015, S. 167.
16. Brown, Brené, Die Gaben der Unvollkommenheit. Lass los, was du glaubst sein zu müssen und umarme, was du bist. Leben aus vollem Herzen, Bielefeld 2017, S. 58.
17. Ebenda, S. 80.
18. McLeod, Saul, »Carl Rogers«, Simply Psychology. Simplypsychology.org, 2014, siehe: https://www.simplypsychology.org/carl-rogers.html.
19. Siegel, Daniel J. und Payne Bryson, Tina, Disziplin ohne Drama. Achtsame Kommunikation mit Kindern, Freiburg im Breisgau 2015, S. 86
20. Jha, Alok, »Why Crying Babies Are So Hard to Ignore«, in: *The Guardian*, 17. Oktober 2012, siehe: https://www.theguardian.com/science/2012/oct/17/crying-babies-hard-ignore.